乡村振兴背景下广西农村小学英语教学：问题与对策

吴俊　著

吉林大学出版社

·长春·

图书在版编目（ＣＩＰ）数据

乡村振兴背景下广西农村小学英语教学：问题与对策 / 吴俊著. -- 长春：吉林大学出版社，2022.10

ISBN 978-7-5768-1007-3

Ⅰ. ①乡… Ⅱ. ①吴… Ⅲ. ①英语课 – 教学研究 – 小学 Ⅳ. ①G623.312

中国版本图书馆 CIP 数据核字（2022）第 204066 号

书　　名　乡村振兴背景下广西农村小学英语教学：问题与对策
XIANGCUN ZHENXING BEIJING XIA GUANGXI NONGCUN XIAOXUE YINGYU JIAOXUE：WENTI YU DUICE

作　　者：吴俊
策划编辑：矫正
责任编辑：矫正
责任校对：甄志忠
装帧设计：久利图文
出版发行：吉林大学出版社
社　　址：长春市人民大街4059号
邮政编码：130021
发行电话：0431-89580028/29/21
网　　址：http://www.jlup.com.cn
电子邮箱：jldxcbs@sina.com
印　　刷：永清县晔盛亚胶印有限公司
开　　本：787mm×1092mm　　1/16
印　　张：13.5
字　　数：200千字
版　　次：2023年5月　第1版
印　　次：2023年5月　第1次
书　　号：ISBN 978-7-5768-1007-3
定　　价：68.00元

目　录

绪 论

绪论部分将从研究背景、研究意义、核心词界定、文献综述等方面进行详细分析。

一、研究背景

本研究基于乡村振兴战略、"双减"政策的实施、2022 年版义务教育新课程标准等三个政策的颁布及实施。

（一）乡村振兴战略的提出

2017 年 12 月，习近平总书记在中央农村工作会议上强调，走中国特色社会主义乡村振兴道路，坚持以工补农、以城带乡，把公共基础设施建设的重点放在农村，推动农村基础设施建设提档升级，优先发展农村教育事业。2021 年 4 月 29 日，《中华人民共和国乡村振兴促进法》经第十三届全国人民代表大会常委会第二十八次会议审议通过，自 2021 年 6 月 1 日起施行。该法坚持因地制宜、规划先行、循序渐进。这表明，乡村振兴战略是我国全面建设社会主义现代化国家的重要举措。可见，重视广西农村教育事业发展，因地制宜促进广西农村教育质量提升，提高广西农村人口素质，是实现广西乡村全面振兴的重要保障。

（二）"双减"政策的实施

2021 年 7 月，中共中央办公厅、国务院办公厅印发《关于进一步减轻义务教育阶段学生作业负担和校外培训负担的意见》（以下简称"双减"政策），其中明确了"双减"政策的主要任务和重大举措，即大力提升教育教学质量，确保学生在校内学足学好，促进义务教育优质均衡发展，充分激发办学活力，整体提升学校办学水平。提升课堂教学质量，严格按课程标准零起点教学，考试成绩呈现实行等级制。① 鉴此，基于对广西农村小学英语教学状况的调查了解，为广西农村小学英语教学提供参考，以促进"双减"政策的有效实施。

（三）2022 年版义务教育新课程标准颁布

2022 年 3 月 25 日，教育部印发《义务教育课程方案和课程标准（2022 年版）》。新修订的义务教育课程依据"有理想、有本领、有担当"时代新人的培养要求，明确了义务教育阶段培养目标。② 其中，《义务教育英语课程标准（2022 年版）》规定，义务教育阶段英语课程要围绕英语学科核心素养，体现课程性质，反映课程理念，确立课程目标。基于此，在探究提升广西农村小学英语教学质量的有效策略时，要紧紧围绕英语学科核心素养，才能促进义务教育阶段英语课程目标的实现。

综合上述三个方面的分析可见，只有广西农村小学英语教育实现精准脱贫，才能最终实现乡村教育振兴。实践表明，尽管广西农村小学英语教学已经取得一定成绩，但广西农村小学英语教学还存在不足。鉴于此，应当密切关注广西农村小学英语教学的现状，根据《义务教育英语课程标准（2022 年版）》的要求，针对广西农村小学英语教学存在的不足进行原因分析，为提高广西农村小学英语教学质量提出相应的对策。

二、研究意义

本研究基于乡村振兴政策、"双减"政策的实施及新课程标准颁布等特定背景，具有如下四个方面的意义。

第一，本研究基于乡村振兴背景，提升广西农村小学教学质量是广西乡村振兴的一项重要内容，乡村振兴政策的实施则为广西农村小学教育发展带来千载难逢的历史机遇。因此，值此乡村振兴政策实施之机，调查研

---

① 中共中央办公厅、国务院办公厅印发《关于进一步减轻义务教育阶段学生作业负担和校外培训负担的意见》[EB/OL].（2021-07-24）.http//www.moe.gov.cn/jyb_xxgk/moe_1777/moe_1778/202107/t20210724_546576.html.

② 中华人民共和国教育部. 义务教育英语课程标准：2022 年版 [S]. 北京：北京师范大学出版社，2022.

究广西农村小学英语教学现状，为提升广西农村小学英语教学质量提出相应建议，有助于广西农村小学英语教学质量的提升和乡村振兴工作的推进。

第二，对广西农村小学英语教学现状进行调查，归纳存在的主要问题并进行原因分析，就存在的主要问题提出相应的对策。这能够为广西各级教育行政主管部门解决农村小学英语教学问题提供一些参考。

第三，广西农村小学英语教学质量的提升离不开一线英语教师。本研究不仅围绕广西农村小学英语教师专业发展的问题，还研究农村小学英语课堂的相关问题。这些研究对广西农村小学英语教师提升自身专业素养及英语课堂教学质量均有一定的参考及指导意义。

第四，本研究围绕广西农村留守儿童英语学习相关问题，多维度、多层面地就提升广西农村留守儿童英语学习效果而提出相应对策。因此，本研究对于引导广西农村留守儿童英语学习具有一定的现实指导意义。

三、核心词的界定

根据研究内容，本书主要涉及广西农村小学、小学英语教学、农村留守儿童、新课程标准等核心词，下面做详细界定。

（一）广西农村小学

广西农村小学是指分布在广西农村、进行初等教育的学校。广西农村小学主要具有两方面特点。一方面，据广西政府网公布的数据，2020年普查时点，广西常住人口为5 012.68万人，其中，农村常住人口为2 295.58万人。由此可见，广西农村人口基数大，需要接受义务教育的适龄儿童人数多。另一方面，广西农村主要分布在革命老区、民族地区、边境、山区。这表明，这些地区的广西农村小学组织实施教学存在诸多困难。

（二）小学英语教学

自2001年秋季学期以来，我国小学陆续开设英语课程。此后，为规范小学英语教学，教育部先后制定、颁布、实施小学英语教学方面的英语课程标准，如《义务教育英语课程标准（2011年版）》《义务教育英语课程标准（2022年版）》。在本研究中，广西农村小学英语教学主要指根据《义务教育英语课程标准（2022年版）》的要求而组织、实施的英语课程教学。

（三）农村留守儿童

农村留守儿童是指父母双方外出务工或一方外出务工另一方无监护能力，无法与父母正常共同生活的不满十六周岁农村户籍未成年人。[①] 这表明，农村留守儿童还不是成年人，无论是日常生活，还是课程学习，更需要学校及教师的指导。

四、文献综述

（一）我国农村小学英语教学研究现状

教育是民族振兴、民族富强的根本出路。2001 年秋季学期起，我国小学逐步开设英语课程。然而，我国小学英语教学水平参差不齐，特别是在广大农村小学。随着时代的发展，我国农村小学英语教学质量受到了相关部门及专家学者的重视。近年来，特别《中共中央、国务院关于实施乡村振兴战略的意见》颁布及实施，提出了要优先发展乡村教育事业，我国农村小学英语教学质量得到更多关注，专家学者对我国农村小学英语教学进行了诸多研究。这些研究可以归纳为以下三个方面。

1. 关于农村小学英语学习情况的研究

目前，在农村小学英语教学中，城乡之间在教育资源、教学水平和师资力量上都有很大的差距。这一特点主要体现在英语的口语和听力上。

就英语口语而言，麻海燕指出，受教育观念、教学方法、学生兴趣等因素的影响，目前我国农村小学英语口语教学状况不佳，教师忽略了口语教学，教学方式单一，导致了小学生英语口头表达的局限性大。[②] 韩竹认为，目前我国的小学英语水平普遍偏低，大部分学生只知道课本上的知识，即使是优秀的学生，因为英语知识不够全面，他们的口语水平仅限于一些词汇和几个句子的正确发音。[③]

就英语听力而言，赵苏强认为，农村小学英语教育水平和教师水平都

[①] 百度百科. 留守儿童 [EB/OL]. （发布日期不详）. https://baike.baidu.com/item/ 留守儿童 /4625781.

[②] 麻海燕. 当前农村小学英语口语教学问题与解决策略浅析 [J]. 新课程，2021（7）：139.

[③] 韩竹. 农村小学英语口语课程：现状、问题及对策 [D]. 长沙：湖南大学，2016.

不如城市小学，这对农村英语教学的发展产生了很大的阻碍。同时，农村小学生英语听力环境较窄，英语听力教学模式单调，导致英语听力问题十分突出。在此基础上，他提出了相应的解决方案，即在英语教学中运用信息技术弥补英语教学环境的不足；采用趣味式教学法，使学生能更好地参加英语听力练习。① 杜洪亮的看法与此相似，他指出，由于应试教育、基础设施、教育条件等因素的制约，导致农村学生对英语听力的兴趣不高，英语听力水平较低。②

2. 关于农村小学英语教师专业发展的研究

提升教师专业素养是提升教学质量的重要手段。因此，农村小学英语教师专业素养发展的研究成为研究者研究的重点之一。徐婷认为，目前我国农村英语教师的教学观念陈旧，教师数量不足，教学反思流于形式，缺乏专业化的专业发展意识。为有效解决这些问题，一些专家学者尝试提出了解决方案。③ 陈跃娟与庞敬春认为，网络是提高农村英语教师职业素质的一个重要途径。④ 曲晓慧与于佳颖认为，目前我国农村小学英语教师的学科专业素质与教师的职业素养还存在着一定的差距，应从课程优化、继续教育、针对性培训、多样化教学模式培养、利用信息技术更新教育方式等五个方面优化乡村英语教师的素质。⑤

3. 关于农村小学英语教学方法的研究

改善提升教学方法能有效提升农村小学英语教学的有效性，从而提高农村小学英语教学质量。针对提高农村小学英语教学质量的问题，李作祥提出，应结合学生的身体和心理发育的特点，采用游戏、肢体动作等多种形式进行教学，利用网络多媒体、音像、角色扮演等多种形式，创造英文

① 赵苏强. 农村小学英语听力教学现状及其解决途径 [J]. 新课程，2020（18）：66.
② 杜洪亮. 农村小学英语听力教学现状及其解决途径 [C]//2020 教育信息化与教育技术创新学术年会论文集（一）. [出版者不详]，2020：76.
③ 徐婷. 农村小学英语教师专业发展调查研究 [D]. 济南：山东师范大学，2017.
④ 陈跃娟，庞敬春. 农村英语教师专业发展新途径：城乡英语教师网络学习共同体 [J]. 沈阳农业大学学报（社会科学版），2018，20（5）：598-602.
⑤ 曲晓慧，于佳颖. 优化农村地区中小学英语教师素质结构的策略探讨 [J]. 继续教育研究，2015（9）：76-77.

学习的良好氛围。[①] 黄淑芬指出，目前我国农村小学英语教学资源匮乏、师资力量不足的现状，可以通过小组协作的形式，有效地利用教学资源，提高学生的自主性。开展课外团体学习的具体措施有：认真调查科学分组，培训组长，布置具体合理的任务，建立多元评价机制，加强与家长的沟通，争取家长的支持。[②] 冯莉等人通过比较不同年级的情境教学法的使用情况，发现在运用图片展示情境、利用网络多媒体、语言语气语调、音乐、游戏、图片等各个层面上，小学英语情境呈现出了显著的年级和城乡差别。农村小学英语情境教学因缺乏资源而在多媒体运用上较差，在游戏表现上较强。因此，要提高英语课堂教学的有效性，必须在一定程度上强化针对性，采取不同的模拟方法。另外，要加大对农村小学英语教学的投入，以弥补其在多媒体维度上的不足。[③]

（二）广西农村小学英语教学研究现状

《教育部关于积极推进小学开设英语课程的指导意见》（2001 年）中明确提出："2001 年秋季始，全国城市和县城小学逐步开设英语课程；2002 年秋季，乡镇所在地小学逐步开设英语课程。"据此，广西农村小学陆续开设英语课。与此同时，学术界对于广西农村小学英语教学做一些研究。这些研究可以归纳为如下四个方面。

1. 关于广西农村小学英语教学质量方面的研究

基于对广西岑溪市某小学英语教学情况的调查与分析，郭小纯指出，广西岑溪市某小学英语教学状况较差，学生英语水平较低，位于广西偏远山区的农村小学英语教学更是滞后于其他地区。郭小纯通过对造成该现象的原因进行分析，提出了改善落后的英语教学现状的策略，即加强师资队伍建设，构建和谐健康的农村小学英语教学体系，改善英语教学条件，社会、

① 李作祥. 浅谈如何有效提高农村小学英语的教学 [C]// 教育理论研究（第七辑）. [出版者不详]，2019：65.

② 黄淑芬. 如何利用课后小组合作学习活动助力农村小学英语教学 [J]. 中国校外教育（上旬刊），2018（7）：96.

③ 冯莉，张作岭，杨延刚. 情境教学法在小学英语教学中的应用调查研究 [J]. 吉林省教育学院学报（上旬），2013，29（3）：56-57.

学校、教师和家庭要携手为学生创造良好的英语学习氛围。①

罗建兰等人认为，目前广西农村小学英语教育存在着班级人数过多、教学设备不齐全、教辅材料匮乏、教师的专业水平不够、教学课时间隔时间过长等问题。鉴于此，他认为教育部应加大教学设备的投入，学校应合理安排课时、加强师资队伍的建设，农村小学英语教师应改进教学方法，以此提高广西农村小学英语教育水平，更好地提高农村小学生的英语学习能力。②

黄涛及玉峰调查了广西天等县农村小学英语课程开设和教学现状，并针对现状提出了相关对策。③

黄河洲的研究表明，经过多年的发展，广西农村小学英语教育取得了一些成绩，基本普及了小学英语课程，但广西农村由于经济落后、交通闭塞等多方面原因，小学英语教学质量仍存在诸多问题。广西西部农村小学英语教学存在英语课程开设供需不平衡、师资严重缺乏、英语课时不足、硬件条件有限等问题。为此，当地各级政府采取了加大教育投入、提高当地学校对小学英语教育的认识、支持大学生支教团队开展活动、积极鼓励社会力量办学与助学等解决对策。④

2. 关于广西农村小学英语师资建设问题的研究

罗震山及莫颖通过对广西农村小学英语师资现状的调查，在分析广西农村小学英语师资力量薄弱原因的基础上，提出了广西农村小学英语师资培养的策略，以提高广西农村小学英语师资水平。⑤

韦卫的研究旨在回答以下两个问题：第一，全州县小学英语特岗教师的专业发展现状如何？第二，农村小学英语教师的专业发展存在哪些问

① 郭小纯. 广西农村小学英语教学现状及应对策略：岑溪市某小学英语教学情况调查与分析[J]. 桂林师范高等专科学校学报，2018，32（5）：76-79.

② 罗建兰，李青青，覃敏浪. 广西农村地区小学英语教育现状分析及对策：以贵港市覃塘区为例[J]. 学园，2018（7）：26-27.

③ 黄涛，玉峰. 广西农村小学英语课程的教学现状分析[J]. 新课程研究（下旬刊），2019（2）：37-38.

④ 黄河洲. 边远地区农村小学英语教学存在的问题及解决对策：以广西西部某县调查情况为例[J]. 广西教育，2021（13）：12-14.

⑤ 罗震山，莫颖. 广西农村小学英语师资问题与对策研究[J]. 教育与职业，2007（21）：79-80.

题？①

植子伦的研究以教师发展理论为依据，采用定量和定性相结合的研究方法，对参加 2015 年"国培计划"的小学英语教师培训情况开展调查研究，旨在讨论存在问题，为进一步提高培训质量探究方法与策略。②

夏莉的调查研究发现，广西农村小学英语师资男女教师比例失调，青年教师居多，大部分教师只有初级职称，英语专业水平有限，希望得到培训。因此，夏莉认为，应采取基于教师的实际现状，设计培训方案，增强培训效果；针对小学英语教师的需求，设置培训课程；建立健全培训工作保障和管理机制等措施，以提高广西农村小学英语师资水平，提高英语教学质量。③

黄章鹏认为，为了提高农村英语教师队伍的专业化水平，必须采取一系列有效措施，如严格编制标准、保障教师待遇、完善教师年龄结构以及加大对教师的培训力度等。④

韦览恩以岑溪市农村小学英语教师为例，就广西农村小学英语教师培训现状展开了调查分析。⑤

周莉及肖文平以广西恭城瑶族自治县为例，调查农村民族地区小学英语教师的职业发展情况，对他们在职业倦怠方面产生的问题进行探讨。⑥

黄琼佳以广西贵港市覃塘区为例，就农村小学英语教师专业发展做了研究。⑦

3. 关于广西农村小学留守儿童英语学习的研究

何冬秋及杨琳琳对广西崇左市农村留守儿童的英语学习情况展开调查，从个人、家庭和学校三个方面提出相应的对策，为留守儿童英语学习问题

---

① 韦卫. 农村小学英语特岗教师专业发展现状调查研究 [D]. 桂林：广西师范大学，2015.

② 植子伦. 农村在职小学英语骨干教师培训需求调查研究 [D]. 桂林：广西师范大学，2015.

③ 夏莉. 广西农村小学英语师资现状调查与培训策略研究 [J]. 教育探索，2016（6）：137-139.

④ 黄章鹏. 加强农村小学英语教师队伍建设的对策思考：以广西为例 [J]. 知识经济，2016（3）：128；130.

⑤ 韦览恩. 广西农村小学英语教师培训现状调查分析：以参加 2015 年"国培计划"的岑溪市乡村小学英语教师为例 [J]. 广西教育，2016（33）：13-15.

⑥ 周莉，肖文平. 农村小学英语教师职业倦怠的调查与分析：以广西恭城瑶族自治县为例 [J]. 桂林师范高等专科学校学报，2017，31（1）：144-147.

⑦ 黄琼佳. 农村小学英语教师专业发展现状的调查研究 [D]. 桂林：广西师范大学，2018.

的解决提供思路。[①]

4. 关于广西农村小学英语教育资源建设的研究

刘芳琼立足广西农村小学英语教育问题，提出构建广西农村小学英语教育资源信息平台，实现小学英语教育资源信息最优化、共享最大化，缓解广西农村小学英语教育师资匮乏问题，推动广西农村小学英语教育稳步、持续发展。[②]

（三）研究述评

上述文献研究表明，学术界对于我国农村小学英语及广西农村小学英语教学现状做了一些研究。这些研究剖析了我国农村小学英语及广西农村小学英语教学质量问题及其原因，并提出了提高我国农村小学英语及广西农村小学英语教学质量的策略，具有一定的价值，为后续研究提供了参考。

但是，从以上文献研究也能看出，已有研究仍存在一些不足：首先，关于新课标背景下广西农村小学英语教学的相关研究鲜见；其次，基于乡村振兴这个背景去探究广西农村小学英语教学的研究更为少见。

由此可见，基于乡村振兴背景，根据《义务教育英语课程标准（2022年版）》的要求，探究广西农村小学英语教学存在的问题及其对策，具有十分重要的现实指导意义和学术价值。

---

① 何冬秋，杨琳琳. 边疆民族地区农村小学留守儿童英语学习存在的问题与对策研究：以广西崇左市为例 [J]. 海外英语，2021（8）：3-4；034.

② 刘芳琼. 广西农村小学英语教育资源信息化建设的新思考 [J]. 中国教育技术装备，2015（12）：62-63.

第一章　研究设计

本章将从研究内容、理论基础、研究方法、研究思路、数据采集等方面展开叙述。

一、研究内容

本研究是针对广西农村小学英语教学状况进行的调查研究，研究内容包括以下两个部分：

一方面，通过问卷、访谈等方式，就广西农村小学英语教学的现状进行调查分析，归纳广西农村小学英语教学存在的主要问题（详见本书第二章）。

另一方面，就广西农村小学英语教师队伍结构、选用的英语教材以及课堂教学质量等方面存在问题进行原因分析，提出相应的对策（详见本研究第二至八章），为提升广西农村小学英语教学质量提供必要的参考。

为更好地研究上面两个方面的内容，本书由绪论、第一至八章、结语等部分组成。其中，第二章就广西农村小学英语教学现状的调查结果进行统计分析，总结广西农村小学英语教学存在的主要问题，为本书的研究夯实基础。

二、理论基础

本研究的理论基础主要是英语课程标准、二语习得理论、建构主义理论等外语教学理论。

（一）英语课程标准

英语课程标准是指《义务教育英语课程标准（2022年版）》。这个新修订的英语课程标准规定了英语教育目标，教育内容和英语教学基本要求，体现国家意志，在立德树人中发挥着关键作用。本研究将根据《义务教育英语课程标准（2022年版）》的要求，就广西农村小学英语教学存在的问题进行分析，并提出解决问题的对策，为提升广西农村小学英语教学质量提供必要的参考。

（二）二语习得理论

输入假设是美国语言学家斯蒂芬·克拉申第二语言习得理论的核心部分。克拉申认为，只有当习得者接触到略高于他现有语言技能水平的第二语言输入，而他又能把注意力集中于对意义或对信息的理解而不是对形式的理解时，才能产生习得。这便是克拉申著名的"i+1"公式，其中，"i"代表习得者现有的水平，"i+1"代表略高于学习者现有水平的语言材料。[①]

（三）建构主义理论

建构主义（constructionism）源自关于儿童认知发展的理论，由于个体的认知发展与学习过程密切相关，利用建构主义可以比较好地说明人类学习过程的认知规律，"即学习者在一定目标的指引下，通过一系列的元认知活动，在外界因素的激励作用下，通过同化和顺应，形成新的认知结构，获得新的知识与能力"[②]。此外，本研究还涉及其他一些外语教学理论，如任务型教学法、自然拼读法等。笔者正是根据上述的这些理论，分析广西农村小学英语教学存在的主要问题并有针对性地提出相应的对策。

三、研究方法

本研究主要运用了文献研究法、问卷调查法、访谈法和数理统计法进行研究。

---

① KRASHEN S D.The inpnt hypothesis: issues and implications[M]. london: longman, 1985.

② 吉桂凤. 思维导图与小学英语教学 [M]. 北京：教育科学出版社，2015.

（一）文献研究法

文献研究法是指通过搜集大量的文献资料，进行分析整理，以探明研究对象的相关问题，并从中引出自己要表明的观点。本研究中通过对"广西""农村小学""小学英语""教学"几个关键词进行检索，收集、整理、分析相关文献资料，为研究乡村振兴背景下广西农村小学英语教学的有效策略奠定基础。

（二）问卷调查法

问卷调查法是指通过设计相关问题的问卷，发放给调查对象进行回答，以收集资料的方法。本研究的问卷分两次进行，其一是参考栾慧[①]、江异奕[②]、杨静[③]、李凌云[④]、李晶晶[⑤]等学者所设计的问卷，设计调查问卷（包括农村小学生问卷、小学英语教师问卷、农村小学领导及管理人员问卷，详见附录一、附录二、附录三）。其二是采用高一虹等的调查问卷（见附录六）[⑥]，对广西玉林市兴业县的 4 所留守儿童学校（山心镇留守儿童关爱学校、北市镇留守儿童关爱学校、龙安寺留守儿童关爱学校及卖酒镇留守儿童关爱学校）的留守儿童英语学习动机进行问卷调查。笔者就问卷采集到的数据及信息进行整理，了解、把握广西农村小学英语教学现状，为本研究奠定基础。

（三）访谈法

访谈法是指访人和受访人双方进行交流，以此来了解受访人的思想及相关状况的方法。笔者通过与桂平市金田镇金田村小学、江口镇岭南小学、西山镇长安村小学等三所农村小学的英语教师、学校领导及教育管理人员，就广西农村英语教学相关方面展开交流，由此获取有关广西农村小学英语教学现状的数据（访谈内容见附录四及附录五）。

① 栾慧. 农村小学英语教学现状、问题及其对策研究 [D]. 呼和浩特：内蒙古师范大学，2013.
② 江异奕. 湖南省农村小学英语教学现状调查与对策研究 [D]. 长沙：湖南师范大学，2012.
③ 杨静. 农村小学英语学习现状调查研究 [D]. 上海：华东师范大学，2009.
④ 李凌云. 我国部分农村地区小学英语教学现状调查与思考 [D]. 武汉：华中师范大学，2003.
⑤ 李晶晶. 农村小学英语教学现状调查研究 [D]. 武汉：华中师范大学，2016.
⑥ 中国大学生英语学习社会心理课题组，高一虹，等. 中国大学生英语学习社会心理：学习动机与自我认同研究 [M]. 北京：外语教学与研究出版社，2004.

（四）数理统计法

笔者运用有关统计量的计算，对问卷收集的数据和访谈所获得的数据进行统计研究，并以表格形式加以呈现（本书共设置了 17 个表格。除表 14 及表 15 外，其余表格均是呈现调查数据），为本研究提供了翔实的研究数据。

四、研究思路

根据上述研究内容，本研究主要按照如下四个方面展开思路。

第一，确定本研究的研究内容。本研究在乡村振兴战略背景下，基于广西农村小学英语教学现状，为提高广西农村小学英语教学质量提出优化之策。

第二，依据研究内容，确定研究方法。本研究主要运用文献研究法、问卷调查法、访谈法、数理分析法。运用文献研究法，查阅、分析有关小学英语教学的相关文献，为研究奠定理论基础。运用问卷调查法就是对广西农村小学生、农村小学英语教师以及相关管理人员进行问卷调查，由此获取研究所需的相关数据。采用访谈法就是选取广西桂平市三所农村小学的英语教师、学校领导及教育管理人员，就广西农村英语教学相关方面展开交流，得出真实的反馈结果。

第三，数据整理和分析。运用数理分析法，对调查结果和访谈结果进行整理分析，归纳广西农村小学英语教学存在的问题，就存在问题的原因进行分析。

第四，基于乡村振兴战略及"双减"政策的背景，针对广西农村小学英语教学存在的主要问题，根据《义务教育英语课程标准（2022 年版）》，就提高广西农村小学英语教学质量提出相应对策。

五、数据采集

为完成本研究的问卷调查，一方面，借助问卷星平台，向广西 14 个地级市的部分农村小学英语教师、农村小学领导及管理人员发放问卷，其中，英语教师问卷 317 份，学校领导及管理人员 137 份，实际回收率 100%，问卷有效率 100%。另一方面，考虑到农村小学生在校不能使用智能手机的实际情况，本次对小学生调查采用纸质问卷，向桂林市、贵港市、崇左市、钦州市、防城港市等5个地级市的农村小学生发放学生问卷600份（共计10所，每个市2所），实际回收率100%，问卷有效率100%。此外，也采用纸质问卷对广西玉林市兴业县4所农村留守儿童关爱学校550名留守儿童（六年级学生）的英语学习进行问卷调查。

　　对于访谈，本研究小组实地走访桂平市的金田镇太平天国金田起义纪念小学、江口镇岭南小学、西山镇长安村小学等3所农村小学的领导和英语教师（共计15人）。通过实地走访，获取本研究需要的第一手资料。

第二章　广西农村小学英语教学现状分析

为更好推进广西乡村振兴工作,振兴广西农村小学教育势在必行。因此,很有必要了解当前广西农村小学英语教育情况,为广西农村小学教育振兴掌握第一手资料。为此,根据绪论部分的问卷与访谈采集到的数据,可将广西农村小学英语教学现状归纳为 6 个方面:农村小学英语教师队伍结构不合理,英语教材不切合农村小学生的需要,农村小学英语的课堂教学质量不高,农村小学英语教学的评价方式单一,农村小学英语教学所需资源匮乏,农村留守儿童英语学习兴趣不浓厚。本章将对这 6 个方面进行具体分析。

第一节　广西农村小学英语教师队伍结构不合理

韩愈《师说》云:"师者,所以传道授业解惑也。"可见,师资力量是衡量一所学校教育质量的重要因素。广西农村小学英语师资结构是否合理,直接关系到农村小学英语教学能否有序进行。

一、广西农村小学英语师资队伍结构总体情况

为了解广西农村小学英语教师结构的总体情况,笔者向广西部分农村小学领导及相关管理人员发放了相关问卷,调查结果如表 1 所示,仅 40 位农村小学校领导及相关管理人员(占 29.2 %)认为,目前广西农村小学英语师资队伍结构合理;而多达 97 位学校领导及相关管理人员(占 70.8 %)

则认为，目前广西农村小学英语师资队伍结构还存在一些问题。此外，40位农村小学领导及相关管理人员（占29.2%）反映，广西农村小学还存在英语教师经常调动的情况。由此导致了农村小学英语师资不足，这就要从其他学校借调英语教师，才能满足小学英语教学的实际需要。

表1 广西农村小学领导及管理人员问卷

问题	选项	人数/人	百分比/%
您认为目前师资队伍是否合理	合理	40	29.2
	不合理	97	70.8
您认为目前农村小学英语教师专业素质如何	较强	15	10.95
	较弱	54	39.42
	有待加强	68	49.64
您认为目前农村英语教师科研能力如何	较强	15	10.95
	一般	78	56.93
	较弱	44	32.12
您所在学校是否存在经常调动英语教师现象	经常	40	29.2
	偶尔	78	56.93
	几乎没有	19	13.87

二、广西农村小学英语教师性别、年龄、教龄

广西农村小学英语教师基本信息统计如表2所示，可以看出，广西农村小学英语教师以女教师为主，占比高达93.06%，而男教师占比则非常少，这也是整个小学英语教师队伍的共性。在接受调查的广西小学英语教师中，年龄在20~30岁为133位（占41.95%，这个占比是指占参加同一类问卷总人数的比例，下同），30~40岁的教师为114位（占35.96%）；40~50岁为62位，50岁以上仅有8位。这些数据说明，广西农村小学英语教师的整体年纪较轻，师资队伍充满活力。教龄在1~5年的教师有158位（占49.84%），教龄在5~10年的有60位（占18.93%），教龄10~15年的有23位（占7.26%），教龄15年以上的有76位（占23.97%）。由此可见，广西农村小学英语教师教学经验普遍较少，以教龄短的年轻教师为主。

表2　农村小学英语教师基本信息表

基本情况	项目	人数 / 人	百分比 /%
性别	男	22	6.49
	女	295	93.06
年龄	20~30 岁	133	41.95
	30~40 岁	114	35.96
	40~50 岁	62	19.56
	50 岁以上	8	2.52
教龄	1~5 年	158	49.84
	5~10 年	60	18.93
	10~15 年	23	7.26
	15 年以上	76	23.97

三、广西农村小学英语教师学历及专业的情况

随着我国各级各类教育的快速发展与提升，学历是求职者进入职场主要依据之一。对于小学教师而言，学历则是衡量教师素质的重要标志之一。教师专业出身、任教科目也是选拔教师的重要因素，这两者都是提升小学英语教学质量的重要保障。广西农村小学由于其特殊的地理位置、落后的经济条件，导致其英语师资力量不足。广西农村小学英语师资状况及授课概况如表3所示。就学历结构而言，有201位教师为本科学历（占63.41％），本科以上的有7位（占2.21％），专科学历的有107位（占33.75％）。这表明，目前，广西农村小学英语教师整体学历较好，大部分英语教师拥有本科学历，但广西农村小学英语教师也有33.75％为专科学历。近年来，广西农村越来越多的小学英语教师重视提升自己的学历。对于专科学历的小学英语教师而言，可通过专升本、成人教育等方式提升学历。就专业结构而言，在接受调查的小学英语教师中，有211位教师是英语专业出身（占66.56％），而106位老师则为非英语专业出身（占33.43％）。这说明在广西农村小学，有不少英语教师是由其他岗位转岗而来。可见，就学历及专业出身而言，广西农村小学英语师资队伍结构仍不够合理，还需要作适当调整。

表3　农村小学英语师资状况及授课概况

问题	选项	人数 / 人	百分比 /%
您的学历为	本科	201	63.41
	本科以上	7	2.21
	专科	107	33.75
	其他	2	0.63
您是否为英语专业毕业	是	211	66.56
	否	106	33.43
您是否还教授其他科目	是	102	32.18
	否	215	67.82

四、广西农村小学英语教师担任课程总体情况

根据表3调查还发现，有102位（占32.18％）教师不仅要教小学英语课，还要兼任其他科目的教学，有些甚至要兼任语文、数学、英语三门课程。由此可见，不少小学英语教师担任几门课程的授课任务。这表明，广西农村小学英语教师工作量太大，无法保障小学英语教学质量。这也说明，广西农村小学还没有足够的英语教师，英语教师结构不够合理。

第二节　英语教材不切合广西农村小学生的需要

小学英语教材是小学英语课程正常开展的主要载体。为更好了解、掌握广西农村小学英语教材使用情况，本节将从广西农村小学英语教材的使用情况、广西农村小学生对英语教材的看法、广西农村小学英语教师对英语教材的看法等方面做具体分析。

一、广西农村小学英语教材的使用情况

英语教材是小学生学习英语最重要的途径。笔者所走访及调查的广西农村小学，大部分小学使用人教版小学英语教材（三年级起点），也有少

部分使用外研社新标准三年级起点教材。这些小学英语教材与城市小学选用的小学英语教材相同。但是这些小学英语教材的很多内容与广西农村小学生现实生活脱节，由此导致广西农村小学生不能很好理解小学英语教材的内容。

二、广西农村小学生对英语教材的看法

广西农村小学师生对农村小学英语教材内容的看法如表4所示。由表4可知，375位广西农村小学生（占62.5％）觉得，目前他们所使用的英语教材有点困难；而70位广西农村小学生（占12％）觉得，他们使用的小学英语教材非常困难，对小学英语教材理解很吃力。这就说明，目前广西农村小学所使用的英语教材已经超出广西农村小学生的认知能力，换言之，这些英语教材不是很适合农村小学生英语学习的实际水平。

表4　广西农村小学师生对农村小学英语教材内容的看法

类别	问题	选项	人数 / 人	百分比 /%
学生	你觉得英语教材难吗	很困难	70	11.56
		有点困难	375	62.5
		不困难	155	25.94
教师	您觉得目前的教材符合农村小学生实际情况吗	很符合	21	6.62
		基本符合	219	69.09
		不符合	77	24.29
	使用哪个版本的教材	人教版	375	62.5
		外研版	155	25.94
		其他	70	11.56

三、广西农村小学英语教师对英语教材的看法

在接受本次问卷调查的广西农村小学英语教师中，仅22位教师觉得目前小学英语教材符合农村小学生的实际情况（占6.62％）；77位小学英语教师（占24.29％）则认为，小学英语教材一点也不符合农村小学的实际情况；219位教师觉得目前的英语教材基本符合实际情况（占69.09％）。

事实上，目前广西农村小学所使用的小学英语教材，有些主题确实不

符合农村小学生的认知水平，如主题为"西餐"的课文提到如何吃牛排、三明治等。对于广西农村小学生而言，这些单词很陌生，实在难以理解。毕竟在农村生活环境中，广西农村小学生很难有机会接触这些西方文化生活。正因如此，类似这样的内容与农村实际生活相脱离，广西农村小学生难以产生共鸣。

根据表4可知，77位农村小学英语教师不认同小学英语教材内容（占24.29％），他们觉得小学英语教材难度大，在广西农村小学英语教学中很难保质保量完成授课内容，更难以实现小学英语的教学目标。广西多数农村小学选用人教版小学英语教材（占62.5％），其次是外研版小学英语教材（占25.94％），也有其他出版社的小学英语教材（占11.56％）。

第三节　广西农村小学英语的课堂教学质量不高

为更好了解、掌握广西农村小学英语课堂教学情况，本节将从广西农村小学英语教师担任英语课程的课时量、广西农村小学英语教师对英语教材的使用情况、广西农村小学英语教师课堂教学方法使用情况等方面做具体分析。

一、广西农村小学英语教师担任英语课程的课时量

广西农村小学英语课时安排情况如表5所示。由表5可知，42位教师每周要上14节以上英语课（占13.25％），187位教师每周课时为8~14节（占58.99％），39位教师每周英语课时为5~8节（占12.3％），49位教师每周课时为5节以下（占15.46％）。这表明，大部分农村小学英语教师每周课时在8~14节，14节以上的课时属于超负荷，5节以下则是非专职英语教师，每周只上几节英语课。可见，广西农村小学英语教师的课时安排不够科学、不够合理。事实上，广西很多农村小学在课程表上显示开设英语课程，但实际并不真正上英语课，而是被语文、数学占用。关于对广西农村小学英

语课时的看法，由表5可见，仅32位农村小学英语教师（占18％）认为，目前农村小学英语课时足够，215位农村小学英语教师认为英语课时不够（占67.82％）。这说明，广西大部分农村小学英语的课时是不够的，每个班级基本上每周只有一到两节英语课，这样安排远远达不到义务教育英语新课标的要求。由此导致每次英语期末考试成绩不理想，与城市小学的英语成绩差距很大。

表5　广西农村小学英语课时安排

问题	选项	人数 / 人	百分比 /%
您每周要上多少节英语课	0~5 节	49	15.46
	5~8 节	39	12.3
	8~14 节	187	58.99
	14 节以上	42	13.25
您认为目前英语课时够吗	够	32	18
	不够	215	67.82

二、广西农村小学英语教师对英语教材的使用情况

广西农村小学英语教师在教学中对教材的处理情况，情况见表6。24位教师（占7.57％）表示，他们上课时完全按照教材内容来进行授课，甚至很多教师上课的大部分时间是使用中文进行讲课；5位教师（占1.58％）表示，他们上课前没有进行备课，直接根据课堂情况来讲授课文内容；288位教师会根据实际情况对教材内容做删减（占90.85％）。这就说明，广西农村小学英语教师所采用的英语教学方法单一。究其原因，主要是广西农村小学英语教师缺乏完备的教师培训体系，导致很多农村小学英语教师无法及时吸收先进、主流的教学模式和方法，而处于自我摸索的状态。可见，广西农村小学英语教师的教学方法还是跟不上小学英语课程改革的步伐。

表6 广西农村小学英语教师在教学中对教材的处理

问题	选项	人数／人	百分比／%
农村小学英语教师在教学中对教材的处理	完全按照教材内容来进行授课	24	7.57
	根据情况，对教材内容做删减	288	90.35
	没有计划，直接根据课堂情况来讲授课文内容	5	1.58

表7 广西农村小学英语教师主要采用的教学方法

问题	选项	人数／人	百分比／%
乡村小学英语教师主要采用的教学方法（多选）	情境教学法	277	87.38
	合作教学法	226	71.29
	游戏教学法	242	76.34
	教授法	294	92.74
	其他	93	29.34%

三、广西农村小学英语教师课堂教学方法使用情况

在小学英语教学过程中，英语教师要采用符合英语学科特点的教学方法。但是，通过问卷调查及走访发现，很多广西农村小学英语教师在上英语课时，所采用的教学方法比较单一。广西农村小学英语教师主要采用教学方法如表7所示。由表7可见，被调查的教师中，277位教师上课时会采用情境教学法（占87.38％），226位教师比较喜欢用合作教学法（占71.29％），242位教师较多采用游戏教学法（占76.34％），294位教师（占92.74％）采用讲授法，他们觉得讲授法比较好操作，备课也轻松。但是如前文分析，对于广西农村小学生来说，小学英语有些课文内容不太适合采用讲授法。经过多年的教学改革，目前我国小学英语比较提倡情境教学法、任务教学法、语篇教学法等。可见，在英语教学方法方面，广西农村小学英语教师还需要多下功夫，灵活运用多样英语教学方法，因材施教，才能真正提高广西农村小学英语教学效率。

第四节 广西农村小学英语教学的评价方式单一

教学评价是教学过程中重要的内容，但是很多广西农村小学英语教师却忽略了小学英语教学评价的重要性。对于广西农村小学英语教学而言，对小学英语教学评价和英语教师考核的方式过于单一。

一、广西农村小学生参与英语课堂活动情况

广西农村小学生对英语教学的评价如表8所示。由表8可见，仅63位小学生（占10.47%）表示，在小学英语课堂上会积极发言；344位农村小学生在小学英语课堂上不积极发言（占57.34%），他们在英语课上害怕回答问题，一方面是因为不自信，另一方面是因为不会回答老师提出的问题；还有193位学生较积极回答问题（占32.19%）。在新一轮小学英语课程改革中，教育界专家也强调要注重过程引导，让小学生积极参与课堂活动，毕竟在小学英语课堂上，回答问题也属于教学评价的内容，是一种过程性的评价。然而，由表8可见，在广西农村小学英语教学课堂上，农村小学生较少积极回答问题。这主要是因为很多广西农村小学英语教师倾向于采用讲授法，由此导致广西农村小学生在英语课堂无法跟上教师的教学，更无法思考问题、回答问题。

表8 广西农村小学生对英语教学的评价

问题	选项	人数/人	百分比/%
你在英语课上是否积极回答问题	非常积极	63	10.47
	比较积极	193	32.19
	不积极	344	57.34
你的英语作业形式有（多选）	抄写单词	538	89.69
	背诵课文	216	35.94
	语音朗读	207	34.53
	看英语读物	82	13.6

二、广西农村小学生课后英语作业完成情况

如表8所示，在问到课后英语作业的形式时，538位广西农村小学生（占89.69％）表示，英语作业以抄写单词和课文为主；216位广西农村小学生（占35.94％）表示，英语作业常常是背诵英语课文；207位广西农村小学生（占34.53％）表示，英语作业经常以朗读为主；82位广西农村小学生（占13.6％）表示，英语作业经常是阅读课外的英语书籍。这就表明，就广西农村小学英语作业形式而言，广西农村小学英语教师所布置的英语作业方式单一，几乎以机械式记忆为主，英语作业方式欠灵活性。进一步调查发现，广西农村小学英语评价指标基本以书面考试成绩为准，考试分数高的被认为英语学得好，由此而得到一些荣誉。这种只注重考核结果的方式不可取，应该改进。调查还发现，广西大部分农村小学英语教师表示，英语考试中很少有及格的学生。可见，目前广西农村小学英语教学收效甚微。长此以往，广西农村小学英语教师和小学生的积极性势必受到打击，容易造成恶性循环。

三、广西农村小学英语教师面临的主要困难

广西农村小学英语教师面临的困难情况如表9所示。由表9可见，很多广西农村小学英语教师面临困难较多，且无法得到很好解决。其中，英语学习资源不足（占68.45％）、教研活动缺乏（占71.92％）、教学法不足（占63.41％），是大部分农村英语教师所面临的主要困难。究其原因，广西农村小学生人口基数庞大，农村小学英语教育基础薄弱。相对语文、数学而言，英语是一门新学科，要提高广西农村小学英语教育质量，必须要高度重视，制定合理、完善的措施，加快推进广西农村小学英语教学改革，从而提升广西农村小学英语教学质量。

表9　广西农村小学英语教师面临的困难

问题	选项	人数/人	百分比/%
农村小学英语教师面临的困难	专业知识水平不足	169	53.31
	教育理论水平不足	156	49.21
	教学法不足	201	63.41
	教学设备落后	81	25.55
	英语学习资源不足	217	68.45
	外出学习等教研活动不足	228	71.92
	其他	49	15.46

第五节　广西农村小学英语教学所需资源匮乏

根据笔者的调查结果显示，广西农村小学英语教学所需的资源匮乏。对此，本节将从广西农村小学组织实施小学英语教学需要的各种资源、广西农村小学可提供英语教学资源情况、广西农村小学生拥有英语教学资源情况三方面加以具体分析。

一、组织实施小学英语教学需要的各种资源

小学英语教学资源是小学英语课堂教学的重要媒介。因此，广西农村小学英语教学质量的提高，不仅要有高素质的英语教师，还需要一系列配套的小学英语教学资源。小学英语教学资源不仅包括教学设备，如电脑、投影仪、英语读物等实物，还包括一些无形的资源，如学校的英语角、英语课外活动等。

二、广西农村小学可提供英语教学资源情况

表10　广西农村小学英语教学资源调查

类别	问题	选项	人数/人	百分比/%
学生	你有学习英语的工具吗	有	300	50
		没有	300	50
教师	您认为学校是否配备了充足的教学设备	是	199	62.78
		否	118	37.22
	您能在校图书馆找到想要的英语资料吗	都能找到	10	3.15
		大部分找到	75	23.66
		只找到小部分	131	41.32
		几乎找不到	101	31.86
	您在教学中用到的教学设备有（多选）	多媒体	309	97.48
		录音机	72	22.71
		语音室	18	5.68
		挂图、卡片	238	75.08
		其他	87	27.44
管理者	您所在学校是否配备英语读物	经常	12	8.76
		偶尔	64	46.72
		几乎没有	61	44.53

广西农村小学英语教学资源的调查情况如表 10 所示。由表 10 可知，广西农村小学英语教学资源比较缺乏，仅 10 位教师（占 3.15 %）表示，所需要的教学资料都能在学校图书馆或资料室找到；75 位教师表示大部分资源可以找到（占 23.66 %）；131 位教师（占 41.32 %）表示，仅能找到少部分教学资源，101 位教师（占 31.86 %）表示，几乎找不到自己想要的教学资源。由此可见，广西农村小学缺乏英语教学所需的书籍资料、电子资料，英语教师无法从学校获取英语教学所需的教学资源。在对学校管理者的调查中发现，61 位管理者（占 44.53%）表示，他们学校几乎没有配备英语相关课外读物；64 位管理者表示偶尔会采购一些英语课外书（占 46.72%）。

随着新课程改革推进和农村小学教育发展，目前广西农村大部分小学

都配备多媒体教学设备。由表 10 可见，309 位广西农村小学英语教师（占 97.48 %）表示，自己课堂上采用最多的教学设备就是多媒体，这也是广西农村小学英语教育进步的具体表现。但是在小学英语课程资源方面，广西农村小学缺乏书籍、电子资料，即便有一些小学英语课外书籍，也是老旧、过时的。这样就导致很多广西农村小学英语教师在备课时，无法找到合适的教学方法和教学手段。在笔者调查的几所广西农村小学中，有几所还配备了语音室。但是经过进一步了解发现，他们的语音室几乎很少使用。究其原因，一方面很多广西农村小学英语教师没有得到应有的培训，小学英语教师自身不知道如何使用语音室配合教学。另一方面，这些设备的维修不方便，怕学生弄坏设备。这主要是广西农村小学资金短缺所致。事实上，很多广西农村小学领导表示每年经费都不足，在小学英语课程方面并没有投入太多资金。

三、广西农村小学生拥有英语教学资源情况

根据表 10 可知，300 位广西农村小学生没有英语学习的相关工具如电子词典等（占 50 %），参加问卷调查的一半学生有英语学习工具，而一半学生则没有英语学习工具。当然，这跟广西农村家庭条件有很大关系。这一现状一方面表明，广西农村家庭经济条件还不是很宽裕，另一方面则说明，广西农村家庭对于孩子英语学习还不够重视。

第六节　广西农村留守儿童英语学习兴趣不浓厚

广西农村小学生基本信息情况如表 11 所示。由表 11 可见，由于广西农村经济相对落后，为了谋生，很多农村青壮年劳动力选择外出打工，其中，50.83 % 小学生的父亲外出务工，10.5 % 小学生的父母外出务工，9.17 % 小学生的母亲外出务工。由此可见，超过 50 % 的农村小学生因家长外出务工成为留守儿童，这一现象在广西农村非常常见。这也是很多农村孩

子英语学习习惯不好、英语学习成绩差的原因之一。对此，下面通过数据加以具体分析。

表11　广西农村小学生基本信息

问题	选项	人数/人	百分比/%
性别	男	293	48
	女	307	52
年级	三年级	99	16
	四年级	136	22
	五年级	254	42
	六年级	111	18
父亲的文化程度	小学	72	12
	初中	294	49
	高中或中专	180	30
	大学	54	9
母亲的文化程度	小学	114	19
	初中	258	43
	高中或中专	150	25
	大学	78	13
父亲、母亲外出务工情况	父亲	305	50.83
	父母	63	10.5
	母亲	55	9.17

一、广西农村留守儿童总体情况分析

根据表11可知，参与本次问卷的小学生共计600人，就性别而言，男生为293人（占48%），女生307人（占52%）；按照年级划分，三年级学生有99人（占16%），四年级学生有136人（占22%），五年级学生有254人（占42%），六年级学生有111人（占18%）。调查发现，广西这些农村小学生的父母文化程度普遍为初中学历，大约占到一半，甚至还有19%的小学生的母亲和12%的小学生的父亲是小学文化，高中及以上占比较少。

二、广西农村留守儿童英语学习兴趣

　　学生对英语学习是兴趣程度情况如表12所示。由表12可知,这些学生的父母对孩子学习普遍还不够重视,特别是小学英语学习。调查结果表明,312位家长几乎没辅导过孩子的英语作业(占52％),204位家长偶尔辅导(占34％),348位家长几乎没给孩子买英语读物(占58％),174位家长偶尔买(占29％)。另外,228位广西农村小学生(占38％)表示对英语学习兴趣一般,234位广西农村小学生表示对英语学习很感兴趣(占39％),72位广西农村小学生表示对英语不感兴趣(占12％),66位广西农村小学生表示刚开始对英语感兴趣,后来失去兴趣(占11％)。

表12　学生对英语学习的兴趣程度

问题	选项	人数/人	百分比/%
你对英语学习的兴趣如何	很感兴趣	234	39
	兴趣一般	228	38
	不感兴趣	72	12
	刚开始有后来失去兴趣	66	11
你父母是否辅导英语作业	经常	84	14
	偶尔	204	34
	几乎不辅导	312	52
你父母是否给你买英语读物	经常	78	13
	偶尔	174	29
	几乎不买	348	58
英语学习中,有哪些困难	听力	254	42
	阅读	136	22
	单词	99	16

　　以上分析说明,广西农村小学生家长学历较低,较少家长懂英语,且长期在外打工,无法给学生提供真正适合语言学习的环境。同时,广西农村小学生家长不够重视学生的英语学习,导致很多农村小学生对英语无法产生长远的兴趣,他们学习英语兴趣不足,英语学习成绩也就无法得到提高。

三、广西农村留守儿童英语学习目的

　　农村小学生学习英语的目的情况如表13所示。由表13可知,当被问到“学习英语的目的是什么？”这个问题时,113位农村小学生(占19.91％)

表示，学习英语是为了应付家长与老师。而295位小学生选择"升学"，这一选项占最多（占49.22%）。由此可见，广西农村小学生学习英语最主要目的还是应对考试，他们学习英语不完全是因为兴趣，毕竟大部分农村小学生根本不知道自己的学习目的，完全就是因为家长和学校的要求才学习英语。这就表明，大多数广西农村留守儿童英语学习动机和目的不明确，处于被动学习的状态。因此，广西农村小学英语教师要关注农村留守儿童学习英语的自主性，设法提高农村留守儿童英语学习的主动性。

表13：农村小学生学习英语的目的

问题	选项	人数 / 人	百分比 /%
你学习英语的目的是什么	用英语与他人交流	256	42.66
	成为一名英语老师	78	13.13
	出国	115	19.22
	升学	295	49.22
	看英文书籍杂志等	143	23.75
	应付家长与老师	113	19.91

对于广西农村留守儿童英语学习动机现状及如何激发留守儿童英语学习动机，本书第八章的第三节将结合问卷结果做具体分析。

对于上述广西农村小学英语教学存在的这些主要问题，本书第三章、第四章、第五章、第六章、第七章、第八章，将结合乡村振兴背景及《义务教育英语课程标准（2022版）》的相关要求，分析这些主要问题产生的原因，并有针对性地提出相应的对策，为提升广西农村小学英语教学质量提供参考，助力广西农村教育振兴，助力广西乡村振兴工作的推进。

第三章　建设一支结构合理的广西农村小学英语教师队伍

　　由第　章的分析可见，广西农村小学英语教师队伍还存在一些问题。教师是教育事业发展必不可少的条件，为保证广西农村小学英语教育事业的稳步前进，推动广西农村基础教育事业改革发展，核心在于建设能够扎根于农村的、有担当、有素养的小学英语教师队伍。教师培训是有效提高农村小学英语教师专业素养的重要途径，能够满足广西农村小学英语教师专业发展的需求，提高广西农村小学英语教学质量。因此，根据乡村振兴的要求，要有效提高广西农村小学英语教学质量，必须要加强广西农村小学英语教师的专业素养培训。通过多项举措，综合施策，培养一支满足广西农村小学英语教育发展需要的英语教师队伍。

第一节 加强广西农村小学英语教师的专业素质培训

　　教师培训是提高教师专业素养，促进教育事业发展的重要途径。为有效提升教师培训工作的质量，推动广西乡村振兴事业的发展，需要给予广西农村小学英语教师培训政策支持、增强培训的实用性、实施多元化的教师培训，以此满足教师培训需求并建立完善的培训保障机制。

一、给予农村小学英语教师培训政策支持

尽管广西教育部门颁布了一些政策，对教师培训工作具有重要的指导作用。但广西教育部门仍需要根据现阶段广西农村小学教师培训的具体情况，建立高等学校定向支持机制，完善现行城乡教师帮扶交流制度，指导广西农村小学英语教师的培训工作。

（一）建立高等学校定向支持机制

当前，广西多所师范院校均在不同程度上支持广西农村小学教师培训工作，如选派优秀师范生到农村去顶岗实习、派高校教师到农村学校调研，传授新的教学理念及适合农村现实情况的教学方法。尽管如此，由于缺乏完备的机制，高校的支持活动成效不高。为有效解决这一问题，提高广西农村小学英语教师培训的质量，结合乡村振兴发展战略，广西壮族自治区政府层面应建立一套完备的高等学校定向支持农村小学教育的机制，指定高校在物力、人力和科研三个方面给予农村小学教育的支持。

1. 在物力方面

广西壮族自治区政府需要明确规定，广西有关高等学校应与广西农村小学分享优质的英语教学资源，包括适合广西农村小学各个阶段小学生学习的电子书籍资源以及优秀的教学视频资源等。

2. 在人力方面

广西壮族自治区政府需要明确规定，广西有关高校英语专业的学生及高校教师共同参与培训服务。广西高校学生主要以假期的"三下乡"活动以及研究生保研的支教性活动参与农村的小学教学服务。但这些渠道有限，能参与的学生也相当少。广西壮族自治区政府及相关部门应与高校合作，鼓励高校学生参与农村支教式实习，在一定程度上提高广西农村小学英语的教学质量。

3. 在科研方面

广西壮族自治区政府应鼓励广西有关高校教师在开展相关课题时，要积极深入广西农村小学，对农村小学英语教学进行调研。广西有关高校承担的相关培训工作，也应根据广西农村小学英语教师的具体情况来开展。广西各县/市/区教育局也应与广西有关高校合作，为广西农村小学英语教

师提供各式各样、不同时间段的培训：现代教育技术的培训、开发校本教材的培训、新式教学方法的培训、线上帮扶对子等[1]。在广西有关高校多方位支持下，能够有效更新广西农村小学英语教师的教学理念，提高广西农村小学英语教学质量。

（二）完善城乡教师帮扶交流制度

我国颁布了多项相关政策促进了城乡教师交流制度的形成。早在 2003 年，《国务院关于进一步加强农村教育工作的决定》规定：城镇的教师需要到农村学校任教，这是一种"支教式"服务的交流制度。及至 2022 年，很多省市均启动城乡交流，且交流形式丰富起来，有"送教下乡""教师定期交流服务"等形式[2]。这一政策的实施，有效促进了广西城乡义务教育的均衡发展，促进了教师队伍的成长，促进了广西农村薄弱小学的发展。

由于各地情况有所不同，在落实政策的过程中存在一些问题。例如，标准不明确，产生形式主义交流；教师对政策认可度不高，交流意愿不强；等等。这主要是由于政策缺乏具体的实施细则以及相关的配套措施不够完善。对此，广西各地教育行政主管部门，要以乡村振兴为契机，结合各地的实际情况，灵活制定细则，可从以下两点着手开展工作。

1.完善帮扶交流政策配套

广西各级政府应当完善相关的配套政策，提高交流教师对政策的满意程度，增强交流的意愿。这可以从补贴政策和考核评价制度入手，补贴可以解决交流教师的实际困难，提高教师交流的积极性，相关考核评价制度也能够提高教师的工作热情。

2.因地制宜制定实施细则

广西各县（市/区）应当根据各地实际情况制定符合实际的细则。在制定实施细则时，对流动教师选拔的标准、流动的比例、流动的时间等问题提出明确规定，提高政策操作性与实用性，切实改变当下城乡包括英语教师在内的小学教师交流政策存在的形式主义，有效推动广西城乡小学教师（包括英语教师在内）的交流。

① 陈水英. 地方高校助力农村小学英语教育研究 [J]. 海外英语，2021（20）：205-206.
② 季青. 城乡教师交流制度的实证研究 [D]. 济南：山东师范大学，2015.

（三）健全农村教师培训保障机制

师资培养必须有充足的资金支持。目前，随着我国农村教育事业的不断深入，国家越来越注重提高农村小学生的英语学科素养，对农村教育经费的投入也在逐年增加。对于农村边远地区以及小规模学校的小学英语教师而言，他们能够参与培训的机会不多。为此，必须在加强广西农村教师培训院校建设的基础上，建立完善的财政支持体系，以确保农村小学英语教师获得更多的培训机会，有效改善广西农村小学英语教师培训存在的不足之处。对此，可从以下两个方面入手。

1.重视开展农村教师培训工作

广西各县（区/市）教育行政主管部门要转变观念，充分认识到师资培训对于提高农村小学教育质量、促进乡村振兴的重要意义，在确保农村教育经费的前提下，把教师培训提到工作日程上来，建立地方教师培训院校，并设立专项基金，确保农村教师培训工作能够正常、有序地开展。此外，广西各县（区/市）要切实加强地方教师培训基地的建设，提高办学条件，引入必要的网络、图书、培训师资，以适应广西农村小学教师的发展需要，为农村教师的专业发展创造有利条件。

2.建立健全教师培训经费保障机制

广西各县（区/市）教育行政部门要根据农村的特点，建立和完善相关农村师资培训资金保障制度，做到资金的公开化和透明化。通过实行"以县为主"的农村义务教育管理制度，构建了中央、省、市（县/区）三方共同分担的制度，对偏远地区农村实行政策倾斜，有序地开展农村小学英语师资队伍的培训；对农村规模小的学校，由县级教育行政部门将培训名额直接下达到小学，确保小规模学校的教师有机会参与培训。

二、提高广西农村小学英语教师培训实用性

教师培训就是为了提升教师的专业素养。目前，从广西农村小学教师培训的实际情况来看，培训应当关注农村小学英语教师的专业需求，并增强培训内容的时效性和针对性，以提高培训的实用性。

（一）关注广西农村小学英语教师专业需求

从前文调查结果可以看出，广西农村小学英语教师专业发展需求主要包含专业精神、专业知识、专业能力等三个方面。可见，广西农村小学英语教师培训要基于促进小学英语教师的专业发展，要关注农村小学英语教师专业发展需求，并根据农村小学教师的需求确定培训内容，重点关注农村小学英语教师以下几点专业需求。

1.在专业精神方面，要加强职业道德培训

长期以来，广西部分农村小学英语教师对职业道德培训比较排斥。他们认为，职业道德培训的相关内容没有营养，对自身专业成长与教学没有任何作用。然而，很多农村小学英语教师素养并不高，甚至有些教师会有体罚、辱骂学生的行为。出现这样的行为，主要原因在于这些小学英语教师职业道德的缺失。所以，很有必要加强对农村小学英语教师的职业道德培训。在培训过程中，可以让广西农村小学英语教师观看一些关于优秀教师的视频，如感动中国十大人物中改变山区女童命运的张桂梅校长等，深入撼动参与培训教师的心灵。

2.在专业知识方面，关注农村小学生特点

在进行教育学、教育心理学等方面的知识培训时，对问题的分析要具体化，使问题的解决方法更切合广西农村小学生的实际。例如，培训要关注农村留守儿童的特点，提出更具有针对性的思想教育方法，帮助广西农村小学英语教师科学管理课堂。

3.在专业能力方面，要有的放矢地进行培训

不同的教师在能力发展方面会有所不同，教龄不一样的教师需要培训的方面也会有所不同，这就需要根据农村小学英语教师的不同需求，进行不同的专业能力培训。比如，对于新入职的英语教师，就非常有必要加强班主任工作技能培训，对于上了年纪的教师，可以适当进行信息技术应用能力的培训。

（二）增强培训内容的实效性和针对性

培训内容要根据广西农村小学英语教师的需求以及广西农村小学英语教育实际情况进行编排。目前，广西农村小学负责英语教学的大多数是中

年教师，他们有着丰富的教学经验，能够理性看待培训，要增强培训的实用性，杜绝流水式培训。为了让培训内容更加契合广西农村小学英语教师的发展，增强培训内容的实效性，培训内容应当以具体教学案例为载体，以问题为导向，同时结合校本培训，能够更好促进培训的开展，这样就可以达到事半功倍的效果。

培训内容也应当根据受训教师的年龄、职称而有所不同，增强培训的针对性。对于新入职的英语教师、特岗教师要着重加强教学技术的培训，同时也要关注教师职业素养、职业认同感的培训，适当延长培训时间，使其能够尽快适应教师身份；对于有一定教学经验的中青年教师，则需要对小学英语专业知识进行更新和拓展，注重其教学反思能力的培训，帮助他们形成自己的教学风格；对于中老年教师，他们对现代多媒体技术的敏感度不高，教育理念落后，要加强对多媒体技术的培训，灌输新的教育理念；对于中高职称的教师，则需要更多关注其科研能力，培训中可通过开展小组课题研究的方式，帮助他们成为具有科研能力的"专家型"教师。

（三）建立实践性较强的教师培训队伍

培养高质量的农村小学英语教师团队，需要高质量的培训师资力量，换言之，农村小学英语教师培训的提升需要一支高素质、专业化的教师培训师资队伍。从实践来看，培训承办机构主要是从"国培计划"的专家名单中进行选择。然而，这样组成的师资队伍往往会忽略广西农村小学英语教师的实际培养需要，由此导致专家培训课程与广西农村小学英语教师教学实践的需要相脱节。实际上，不少授课专家只是深入了解自身研究的领域，对广西农村小学英语教师的实际教学状况并没有进行深入的了解，难以做到理论与实践相兼顾。因此，广西农村小学英语教师想要通过参加培训来解决日常教学中遇到的实际问题的期待就很难得以实现。所以，不仅要从"国培计划"专家库选取授课专家，还要从广西高校聘请一批理论扎实、对广西农村教学有一定了解的知名教师，同时还要从地方上聘用有一定教学经验的一线优秀农村小学英语老师，充实到培训师资队伍中，保证实践型专家不低于培训师资人数的 50％，着力打造一支理论与实践并重，彰显实践性的培训师资队伍。

三、实施广西农村小学英语教师多元化培训

随着信息化的推进和广西乡村振兴工作的推进，教师培训也需与信息技术相结合，利用开放教师培训体系，将网络培训与线下培训相结合，灵活使用多样的培训方式实现教师培训多元化。

（一）开放的教师培训体系

开放式的教师培训就是打破"时间固定、方式单一、内容预设"这种传统教师培训方式的局限，确定农村小学英语教师的培训需求，以培训方式多样化、培训内容针对性为特点，在没有限制的网络空间中自由灵活地进行学习的教师培训模式[①]。因此，开放培训体系应从以下几点着手。

1. 开放培训课程

网络上有很多精品培训课程，但是由于各种原因并没有向大众教师开放，由此导致广西农村小学英语教师的继续教育受限于资源的贫乏。因此，广西各地教育行政主管部门应当提供开放各种类型的网络学习培训资源，让广西农村小学英语教师根据自身需求有选择地学习。

2. 开放培训空间

网络培训能够让教师自由选择合适的场合进行学习，颠覆传统的现场面对面培训模式，让广西农村小学英语教师的学习不受空间限制。

3. 开放培训时间

在广西农村小学，英语教师还不能满足英语教学的需要，有些农村小学甚至只有一个英语教师，对于他们来说，协调时间外出参加培训是一件很困难的事。网络培训则能让农村小学英语教师根据自身实际情况进行学习，切实解决诸多教师因时间冲突而不能参加培训的问题。但是，网络培训也会因过于自由，缺少监督而效果微弱。这需要农村小学加强对农村小学英语教师网络培训的监督，通过在线监控等方式，确保小学英语教师实实在在参加培训，参加培训的教师需要提交培训心得。

---

① 宋淑英. 基于网络平台的教师培训模式探索 [J]. 齐鲁师范学院学报，2013，28（5）：56-58；64.

（二）网络培训与传统结合

凡事皆有利弊，无论哪种培训方式，都有自身的优缺点，网络培训也不例外。网络培训的时间与空间自由、内容丰富的优点是传统培训所缺失的，但传统培训的互动性、实践性、时效性也是网络培训没有办法取代的。网络培训能够突破时间、空间的限制，实现随时随地学习，但是其所涉及的都是理论内容，缺乏实践性，相较于传统的培训，网络培训效果还是不够理想。但是，传统培训的时间、地点、内容又过于固定，很难惠及大众。因此，应当将这两种培训方式结合起来，相互补充。根据各自的特点，相互配合，合理分工，提高教师培训的质量。这种线上与线下培训相结合的方式在疫情防控时期更是得到了多方关注。对此，可从以下几点出发，将网络培训与传统培训相结合。

1. 关注农村小学英语教师原有的知识

每个学习者都有自己的需求，培训者不能忽视受训广西农村小学英语教师已有经验和知识。网络培训的课程应当设置多种主题，让广西农村小学英语教师能够根据自己的兴趣及需要选择培训内容，提高网络培训的有效性。广西农村小学英语教师会在教学中有意识地运用自己所学的知识来解决问题。所以，在培训过程中，培训教师应当根据广西农村小学英语教师所学与实践中出现的问题，对培训内容进行优化。

2. 关注线上线下培训学习的可持续性

由于线上学习的局限性，让教师积极主动参与线上培训是非常困难的，但在线上引导受训教师积极进行问题思考和反馈的可行性还是很高的。针对广西农村小学英语教师线上培训过程中提出的问题，培训教师在线下可以帮助广西农村小学英语教师解决这种时效性问题。这样可以保证线上培训与线下培训是连续进行的，能够在一定程度上确保广西农村小学英语教师参与培训的积极性。

3. 构建农村小学英语教师学习共同体

在培训始末，培训者要引导广西农村小学英语教师构建学习小组，同时也要坚持到可持续性引领[①]。由此可见，培训者要引导线上学习小组对问

---

① 林冰冰，张贤金. 混合式教师培训的困境与进路 [J]. 中小学教师培训，2021（8）：5-9.

题进行分析、探讨，也要在线下的培训当中，为学习小组提供体验式的问题解决情景。

（三）使用多样化培训方式

现阶段的教师培训形式比较单一，基本上都是专家讲授的模式，忽视了参与培训教师的主观能动性，要灵活运用各种培训方式，才能提高教师的素养[①]。

随着教师培训的发展，形成了几种行之有效的培训方式。例如，让教师根据自己的情况一个人学习探究的自修式培训；利用多媒体技术和网络技术等现代化设备进行培训的远程式培训；让教师参与课题研究并将研究成果反馈到教学实践中的科研式培训；针对教育热点问题召开研讨会，受训者与专家共同研讨解决问题的专题研讨探究式培训；围绕一定的教学目的，呈现一些真实的教学案例让教师创造性地提出可行的思路和方法的多向真实案例式培训；等等。

不同的模式有各自不同的优缺点，有其不同的功能与效果，因而有不同的要求与方法。在培训广西农村小学英语教师过程中，需要根据具体的培训内容，选择培训模式，可以仅使用一种培训模式，也可多种培训模式交替使用，这样才能增强广西农村小学英语教师培训的效果。当然，在培训过程中，应根据农村小学英语教师原有的理论知识、实践经验以及他们不同的需求来选择培训的方式。此外，还应当为他们提供学习资源，让他们能够在闲暇时间学习。提供优质的教育理论学习资源，学校应从以下两个方面入手。

1.农村小学应丰富图书室的教学资源

由于广西农村小学英语的学科地位不高，可供小学英语教师学习的书籍、报刊等资源并不多，小学需要购置英语相关书籍、报刊，可以是教学理论方面，也可以是教学实践方面，让英语教师根据自己的需要进行选择并加以学习。

2.农村小学应适量购买网络资源库

网络学习资源更新较快且日益丰富，能适应广西农村小学英语教师的

---

① 李春美. 重在实效的教师培训方式探索 [J]. 湖州师范学院学报，2002（5）：105-109.

多样化需求。资源的选择要符合广西农村小学英语教师教学活动、专业发展的需要，重视教育理论资源的整合分类，让英语教师能利用闲暇之余自行学习。此外，农村小学英语教师可以与兄弟学校的优秀英语教师举行座谈会，与优秀英语教师交流学习。

（四）营造良好的教育理论素养学习氛围

众所周知，环境对人的成长发展影响巨大。广西农村小学如能充分营造学校的文化环境，丰富学校的文化含蕴，提升文化品格，将对广西农村小学英语教师教育理论素养的提高具有推动作用。因此，广西农村小学应从以下三个方面入手，为农村小学英语教师营造良好的教育理论素养学习氛围。

1. 充分用好有利环境

广西农村小学可充分利用校园内的板报、橱窗等，营造良好的教育理论素养学习氛围，如可以选取陶行知、杜威、黄炎培等教育学家的名言名句作为展示的内容，让教育大家的观点深入教师的心。也可开辟学习专栏，在橱窗展示一些书籍或者教育报中能够影响农村小学英语教师的关键内容（展示的内容也要定期更换），同时要将这些内容收集起来，让教师在需要的时候可以翻阅。如此一来，就为农村小学英语教师阅读相关教育大家思想书籍提供便利。此外，农村小学还可以开设学习打卡平台，让英语教师将自己的学习心得与平时看到的有用的资源分享给其他人，能够在平台交流教学的心得、经验。

2. 营造教师学习氛围

单纯依靠物质环境的建设是远远不够的，所以有必要设立一个专门的机构提升教师的教育理论素养。广西农村小学要引导英语教师更新学习观念，重视学习，真正营造良好的学习氛围。

3. 开展教师学习活动

广西农村小学可以开设读书活动，以此引导农村小学英语教师学习英语教学相关理论，调动学习积极性，让英语教师提升其教育理论素养。可为读书时长、数量排名靠前的农村小学英语教师颁发奖励，激励英语教师主动学习相关书籍。

（五）优化各方面教育理论素养学习环境

要提高广西农村小学英语教师的教育理论素养，除为英语教师提供优质的学习资源和良好的学习氛围外，还可以通过各级政府出台落实相关政策、完善科学的激励机制，通过优化教育理论学习环境来提高广西农村小学英语教师素养。

1. 推动相关政策落实

近年来，随着乡村振兴进程的不断推进，各级政府出台了一系列关于加强农村教师队伍建设和支持农村教师发展的文件，如教育部、中央组织部、中央编办、国家发展改革委、财政部、人力资源和社会保障部等六部门印发《关于加强新时代乡村教师队伍建设的意见》，不仅为当前广西农村小学的发展明确了方向，同时也为广西农村小学英语教师专业素养的发展创造了条件。但在广西农村由于各种各样的原因，仍存在落实不到位的情况。因此，要推动相关政策的落实，建立起强化政策落实机制是关键。

2. 完善学习激励机制

如何进一步提高广西农村小学英语教师的教育理论素养，应得到教育行政部门和学校管理者的重视。有效激励能够调动个人积极性，起积极作用，通过完善学习激励机制，能够使农村小学英语教师更加积极地努力提高自身教育理论素养。一方面，在条件允许的情况下，应尽可能加大激励经费投入，通过物质激励提高农村小学英语教师的待遇。另一方面，应充分给予教师精神方面的激励，建立并完善农村教师激励制度，让农村小学英语教师发自内心地感受到提高自身教育理论素养的荣誉感和使命感。

四、完善广西农村小学英语教师培训保障机制

在实施广西农村小学英语教师培训工作的过程中，许多问题会逐渐显现出来，如教师培训的态度消极、培训评价方式单一、培训后跟踪服务不到位等。对此需要完善现行教师培训保障机制，建立培训激励制，完善培训评价制度以及培训后的跟踪服务制度。

（一）建立培训激励机制

参与职后培训是每个教师的权力和义务。由于各种原因，广西农村小

学英语教师参与职后培训的态度消极，甚至在培训过程中出现排斥、厌恶的情绪。针对这一问题，广西各地教育培训主管部门要建立起农村小学英语教师培训激励制度。对此，可从以下几个方面着手。

1. 制定培训与评优挂钩制度

负责教师职后培训的教育行政主管部门要认真记录参训农村小学英语教师的成绩，对于参加培训的英语教师在培训成绩、思想态度等方面进行考核，教师在参与评优、晋升、评职称时将其与工作成绩联系起来作为主要依据。

2. 简化培训费用报账的流程

农村小学英语教师的收入并不高，除去日常开销，其收入所剩无几，参与职后培训的费用大多数时候是由农村小学英语教师个人先垫付，最后再向学校财政部门提交报销申请。这一复杂的报销流程导致报销的费用很久才能到账，这也是农村小学英语教师不愿意参加职后培训的原因之一。学校与教育行政管理部门要简化报账流程，缩短报销费用到账的时间。

3. 设立参加培训的奖励基金

激励手段需要根据教师的需求而灵活使用，广西农村小学英语教师的需求既有物质层面的，也有精神层面的。广西各地教育主管部门应根据参训农村小学英语教师的培训成绩，并结合其培训时的态度进行表彰。表彰既是对参训英语教师的一种肯定，也能够在某种程度上满足英语教师的物质需求。当然，单纯依靠奖励机制并不能很好调动广西农村英语教师培训的积极性，还应当辅以相应的惩罚制度。对于那些培训积极性不高，并且态度恶劣的学校或教师，要根据实际情况进行通报批评。

（二）完善培训评价制度

评价是培训的一部分，合理的评价方式对教师的培训有一定的激励作用。广西农村小学英语教师培训应建立科学的评价体制，建立多层次、多元化的评价方式，积极创新评价方式，有效促进农村小学英语教师培训的效果。完善培训评价制度可从以下几点着手。

1. 建立科学的评价方式

教师培训评价在一定程度上会影响教师培训的质量与效果。目前，广西农村小学英语教师对于培训通常持有这两种思想：一是关注培训是否通过，能否顺利拿到培训合格证书；二是关注培训对自己的晋升、评优是否有帮助。这两种思想不仅让教师培训失去了原本的意义，更让培训成了一种形式主义的服务。这就会让农村小学英语教师培训效果大打折扣。目前，对于农村小学英语教师的培训标准过于机械、单一，缺乏一定的理论支撑，还存在一些照搬城市小学英语教师评价的标准。笔者认为，教师培训应当结合广西农村小学英语教师的实际情况，设立多元化的评价方式，确保评价的科学性和公平性。

2.确定规范的考核方法

广西农村小学英语教师培训的考核制度不够严格，很多文件都没有提出具体的考核方法，这也导致了在农村小学英语教师培训中，以考勤的方式来评价参与培训的农村小学英语教师，只要考勤合格就可以通过培训，获得培训合格证书。

在评价中，不仅要严格管控参与培训教师的出勤率，制定严格的请假制度，做好考勤记录，还要记录每位农村小学英语教师参与培训的表现。设立严格的培训评价要求，可以让参与培训的教师在听讲之后发言，然后由专家学者现场打分，对于合格通过的培训予以表扬，对于没有达到要求的教师，则令其参与下一期培训。如此可以相应地提高农村小学英语教师的参与度，提高农村小学英语教师对培训的重视程度。

3.注重跟踪及反馈评价

关注教师培训后的表现，让参与培训的英语教师所在学校的领导、同事以及学生对教师培训后的表现给予反馈评价，让培训不再流于形式。也可以将参与培训的英语教师与未参与培训的英语教师做对比评价，对农村小学英语教师参与培训前后的改变做对比评价；利用访谈、问卷调查等方式，让农村小学英语教师的学生对英语教师参与培训前后的行为进行评价。

（三）完善训后跟踪服务

培训后跟踪服务是教师培训中经常被忽略的重要环节。要成为一名优秀的小学英语教师不能单纯依靠几次培训，而需要通过反复的学习、实践、反思、磨炼，提升专业发展。

为更好落实广西农村小学英语教师的培训工作，培养优秀农村小学英语教师，广西各地教育部门应当成立跟踪服务指导小组，对参加培训的农村小学英语教师进行为期半年甚至更长时间的跟踪服务，对培训后在实际教学过程中出现的问题，及时给予指导帮助。跟踪服务指导小组还需深入广西农村小学，参与农村小学英语的教学研究活动，了解农村小学英语教师对培训的感受、工作中遇到的问题、对培训的建议，针对农村小学英语教学中出现的问题进行探讨，帮助参训英语教师将受训内容融于实际教学中，使其成长为一名优秀的农村小学英语教师。培训后跟踪服务不仅能够让培训内容落到实处，也能收集受训教师的反馈，为今后培训更具实效性和针对性夯实基础。

第二节 切实有效减少广西农村小学英语教师的流动

农村教育事业发展的关键在于教师，教师的流动是影响教师队伍发展的重要因素。合理稳定的教师队伍有助于提高教学质量，对于广西农村小学而言更是如此。随着社会经济迅速发展，城镇化进程步伐的加快，大量人口与劳动力涌向城市，很多农村教师也选择到城镇去工作。尽管各级政府做了诸多提高农村教师吸引力的举措，以建设、稳定农村教师队伍，但还是有很多农村小学教师离开农村。可见，农村小学教师流动性强这一问题仍然没有得到缓解。鉴于此，要对广西农村小学英语教师的流动问题进行研究，了解导致农村小学英语教师流动的因素，为减少农村小学英语教师流动提供一些建议。

一、政府加强对广西农村教育的倾斜力度

解决广西农村教师流动的问题，需要广西各级政府加强干预，加大对广西农村小学英语教育经费的投入，做好农村小学英语基础设施维护与管理工作，关注到农村小学英语教师的晋升需求，完善农村小学英语教师的

晋升制度，以此留住农村小学英语教师。

（一）加大广西农村小学英语教育经费投入

现阶段广西小学教师之间的城乡收入差距较大，这也是农村小学英语教师流动的主要原因之一。我国义务教育具有公益性，义务教育阶段，各地学校资金主要依靠各地财政国家财政划拨。但是各地经济发展水平不一致，地方财政收入也有所不同。长期以来，广西各地财政收入并不是很富裕，由此导致广西很多农村小学办学经费不足，甚至出现拖欠教师工资的现象。教师作为社会中的一员，作为社会中独立的个体，也有自身物质需求。马斯洛提出的需求理论中提到，生理与安全需求是人的最低需求，当最低需求都无法满足时，追求高层次人生价值的实现就成为无稽之谈。当农村小学教师的工资没有得到保障，农村小学教师的最低生活需求得不到满足时，他们就会转向待遇更好的学校、行业。这就是造成农村小学英语教师流动的主要因素。对此，笔者认为，一方面，广西各地政府要合理统筹安排有限的财政资金，把钱用在刀刃上，要注重资金使用时的公平性和质量，确保农村小学办学经费及农村小学教师工资按时足额发放。另一方面，广西农村小学办学，不足部分资金还需中央财政的大力支持。

同时，要稳定农村小学教师队伍，广西需继续实施农村基础教育专项资金补贴制度。具体而言，广西应按照"越边远越艰苦，补助档次越高"的原则，对纳入乡村教师生活补助范围的学校、教学点，按照交通条件、边远程度等因素，划分为不同补助档次。目前，广西110个县均落实乡村教师生活补助计划，各地根据各自具体情况修改完善农村基础教育补贴计划。计划实施后，广西农村小学教师的工作积极性普遍提高，留存率也有显著提高。可见，经济补贴对于留住广西农村小学教师具有积极作用。因此，广西农村基础教育专项资金补贴制度必须要继续执行。当然，在社会经济快速发展的情况下，广西各地要根据各地实施情况及时调整、完善。

（二）加强广西农村小学英语基础设施管理

学校是教师工作的场所，教师大部分时间都是在校园中度过。所以，学校基础设施的维护与管理对教师的教学和生活都非常重要，但由于广西农村小学存在资金不足、观念落后等问题,学校对基础设施的管理不够重视。

这需要广西各地教育主管部门加以引导。

1. 农村小学要定期维护硬件设施

当教学设备出现问题时，教师教学心情与教学进度都会受到影响，所以教师上课用到的投影仪、电脑、教学用具等设备需要定期检查维护，出现故障就要及时维修。如条件允许，农村小学应配备设备管理员，当教师在使用教学设备出现问题时，能及时给予帮助。

2. 加强农村小学的软件设施建设

学校的软件设置一般包含了师资力量、后勤服务、教学管理以及校园环境等方面[1]。在深入广西农村小学调研中发现，广西农村小学的后勤服务、教学管理及校园环境等方面均存在不少问题。这些问题影响着农村小学英语教师的教学质量。在后勤服务方面，管理者要及时更新后勤管理观念，将育人作为工作根本，端正态度。同时，要健全管理制度，让学校后勤工作制度化，从而提高管理效率；在教学管理方面，要创新管理模式，加强对教学服务的细节管理，使其更具规范性与科学性；在校园环境方面，应适当增加学校绿化面积，改善农村小学卫生状况等，为师生提供清洁美丽的校园环境。

（三）完善广西农村小学英语教师晋升制度

没有编制、晋升空间小的问题，一直困扰着广西农村小学英语教师，这也导致很多教师消极从教。农村小学英语教师工作状态不仅仅决定一节课的质量，更是决定着农村教育的发展。因此，应从以下几个方面入手，完善教师晋升制度。

1. 解决农村教师编制问题

因为城市人口多，政策向城市学校倾斜，教师编制数量上也比农村要多，加上城市对于诸多年轻人来说吸引力更大，这就造成农村小学英语教师的人员流动性大。教师职业稳定性是多数人选择教师这一职业的原因之一，但是这种稳定性是在拥有编制的基础上。所以，应当关注广西农村教师编制问题，适当放宽条件，增加农村小学教师编制数量，吸引英语教师留在农村小学任教。

---

① 李妍. 关于学校基础设施建设管理的几点思考 [J]. 知识经济，2012（11）：48-49.

2.完善农村教师职称评定

完善广西农村小学教师职称评定制度,向广西农村小学英语教师倾斜,使得英语教师愿意留在农村小学任教。这也是加强农村小学英语教师队伍建设的重要举措。尽管广西已经出台许多有利于农村教师职称评定的政策,但因执行标准不够明确,很多政策并没能得到落实。可见,完善广西农村教师职称评定制度是一项长久任务。

其一,要明确广西农村小学英语教师在职称评定人数的占比。根据交通、生活条件等因素,合理配置农村小学英语教师各级职称人数的占比,确保交通不便与生活艰苦地区的农村小学英语教师要有职称评定的机会与可能性。

其二,要及时公开广西农村小学教师职称评定结果,接受社会及相关部门的监督,公开的时间不少于七个工作日且要多渠道公开。

二、提高广西农村小学教师工资待遇

(一)提高农村小学教师工资

广西农村小学英语教师流失很大一部分原因在于农村经济水平不高,城乡小学英语教师之间的收入差距大。正因为如此,广西农村小学英语教师很容易将生活的困难归咎于自己工资待遇不够好。广西农村小学英语教师待遇不好,很容易让他们对未来的工作失去信心,由此加快农村小学英语教师流动。因此,要留住农村小学英语教师,关键在于提高他们的工资待遇。

为此,广西各级政府要加大对农村教育经费的投入,落实好各项利于农村教师的方针政策。虽然我国义务教育法规定教师工资不得低于当地公务员的平均工资,但是个别地方仍有拖欠教师绩效工资的问题,并未得到很好的解决。广西各地政府要从当地实际情况出发,设置相应绩效工资分配方式。

在制定绩效工资方案时,要将广西农村小学英语教师实际情况纳入考量范围。广西农村小学绩效工资的分配多偏向学校领导与少数教师,这样的做法有失公平,没有办法起到激励教师的作用。所以,广西各地政府要清楚认识绩效工资的激励作用，要坚持公平公正，让农村小学英语教师劳有所得。

与此同时，还应当适当提高农村小学英语教师工资，甚至可以略高于同地区小学教师，缩小广西城乡教师之间的收入差距，加强对绩效工资的监督管理，让各地相关部门认真落实绩效工资分配工作，保证绩效工资分配有效开展，从而减少广西农村小学英语教师人员流动性。

（二）提升农村小学教师福利待遇

当前，广西农村小学英语教师工资与属地公务员的工资相差不大，但是在福利待遇方面却存在着很大差距。广西农村小学英语教师工资只能满足日常的生活开销，生活条件依然艰苦，这样生活给英语教师带来很大压力，让他们产生要离开的念头。为了改变这一状况，广西各级政府应当加大政策扶持力度，努力提升农村小学英语教师的福利待遇。具体可以从以下几点着手。

1.建立广西农村小学教师津贴补偿制度

教师津贴和补贴作为教师工资的一种补充形式，是农村小学教师在艰苦环境下工作的生活补偿。我们知道，农村小学教师津贴大多由当地财政负责。由于广西大部分县市的经济发展相对缓慢，财政收入不高，广西农村小学英语教师的津贴也迟迟无法下发。因此，应当考虑将贫苦地区教师的津贴纳入国家财政预算中，国家、省、市（县/区）三级共同承担农村小学教师津贴。

2.适当增加广西农村教师岗位津贴制度

可以通过增加广西农村小学教师津贴项目来扩充教师收入渠道，如通信交通津贴、住宿补贴、生活补贴等，也可以设立一些奖项来激励长期在农村小学工作一线的英语教师，除精神上的鼓励外也要有一定的物质奖励，这才是留住农村小学英语教师的长久之计。

（三）丰富广西农村小学英语教师物质生活

在国家及广西各地方政府共同努力下，广西农村小学教师工资有所提高，在温饱之后可拥有自由支配资金，但是生活质量并没有得到显著提高，住房、医疗、教育等问题，依然是压在教师肩膀上的大山。为有效改善广西农村小学英语教师的生活状况，广西各地政府应当加大政策支持力度。为丰富教师物质生活，可从以下几点出发。

1. 适当提高农村小学教师住房公积金标准

要英语教师留在广西农村小学工作，他们会就地购买房子。他们购买房子后，每个月偿还房贷，这笔不小的开销将在一段时间内影响到农村小学教师的生活质量。可见，在相关政策许可范围内，尽可能提高公积金标准，能缓解广西农村小学英语教师还房贷的压力，让他们安心工作。

2. 增加农村小学教师医疗保障资金的额度

健康的身体是工作的本钱，由于教师这一职业的特殊性，教师健康状况相对于其他人群而言不太乐观。相关部门必须加大广西农村小学教师的医疗报销，让教师与国家公务员享受同等医疗待遇。农村小学还应当关注包括英语老师在内的小学教师身体健康，定期组织农村小学教师参加健康检查。

3. 借乡村振兴东风大力改善农村交通条件

在广西农村，由于经济、地理环境等原因，交通条件相对较差。有关部门应当密切关注这一问题，借助乡村振兴东风，大力改善农村交通，为农村小学英语教师方便出行夯实基础。

（四）优化广西农村小学英语教师工作条件

受经济条件的影响，广西农村小学教师的办公条件相对较差，十几、二十个教师挤在一间狭小的办公室，办公室里面基本的办公设备不够，在这样环境下，英语教师备课和学习都受到很大影响。为优化教师工作条件，应做好以下几个方面的工作。

1. 为农村小学英语教师安排休息室

受经济条件影响，为农村小学英语教师提供相对独立的办公空间是很难实现的，给教师建立一个休息室在目前而言是比较现实也比较容易实现的。休息室可以给英语教师提供一个相对安静舒适的环境，提高英语教师的办公效率。休息室也可提供图书、杂志、无线网络等，缓解英语教师课堂上的疲劳。

2. 为农村小学英语教师提供办公设备

随着多媒体普及，广西农村小学基本配备了多媒体，英语教师在课堂上需要使用多媒体展示教学内容，也就意味着教师需要准备课件，但是很多学校可供教师使用的设备数量少且陈旧，严重影响教师备课。由于电脑价格并不低，让英语教师自己花钱购买，势必增加教师压力，影响教师生活质量。学校及有关部门需关注这一问题，配备数量足够且新的电脑设备，以满足广西农村小学英语教师开展教学工作的需求。

三、完善广西农村小学的管理模式

在管理过程中，人是最活跃、最积极的因素，只有坚持以人为本的管理理念，让教师参与到管理当中，完善教师评价体系，做到将教师个人发展与广西农村小学发展结合在一起，才能让教师在工作中获得成就感。

（一）坚持以人为本理念

任何人都不能脱离集体而存在，但他们又是独立个体，无论是企业、事业单位，只要是需要人的工作，就需要坚持以人为本的管理理念。教师是教育事业的主体，广西农村小学管理主要就是对于人的管理。在新时代的管理理念中，管理不是对人的控制、管控等，而是关注人的主观意愿，讲究统筹、协调、服务。充分展现以人为本的管理理念。为此，坚持以人为本应做到以下几点。

1. 以人为本，关注英语教师合理需求

广西农村小学在管理教师时，应坚持以人为本，要关注英语教师工作的各个方面，注重与英语教师沟通交流，深入了解英语教师的工作与需求。关注英语教师的成长与专业发展，满足其合理需求。

2. 感情留人，稳定小学英语教师队伍

要留住一个人，不能单单依靠各种物质条件，让人的情感得到寄托才是最能留住人的方法。广西农村情况复杂，在农村小学工作的英语教师需求各有不同，农村小学在管理过程中未能及时关注到英语教师不同需求，这也是教师人员流动性大的原因之一。广西农村小学管理人员应加强与英语教师沟通，深入了解他们各种需求，及时给予反馈。广西农村小学管理者也应设身处地为英语教师着想，关心英语教师各方面的需求，尊重英语教师劳动成果。

3. 着眼未来，关注英语教师发展规划

广西农村小学应充分关注英语教师个人发展规划，尊重英语教师工作成绩，真正做好服务工作。英语教师心理需求包括自我价值的实现与被尊重两方面。这是目前农村小学英语教师所缺少的。广西农村小学领导把精力都花在可见的事物上，对于隐性心理需求方面的关注不够，忽视了英语教师的心理需求。广西农村小学领导应当着重关注英语教师的心理需求。

（二）提倡教师参与管理

让英语教师参与农村小学管理，使农村小学管理更加民主，不仅能够提高学校决策水平与决策效果，还能够满足教师参与学校管理的需求，提高教师工作热情与工作积极性。这也能在一定程度上缓解农村小学英语教师流动问题。目前，尽管广西农村小学英语教师参与管理，但仍然存在教师无权参与学校管理问题的讨论。为了让农村小学英语教师更好参与学校管理，应做到以下几个方面。

1. 转变农村小学校长的管理观念

广西农村小学基本实行校长负责制。农村小学校长在学校管理中担负绝大多数责任，为合理控制风险，校长把管理权分到学校管理层，英语教师几乎参与不到学校管理。广西农村小学校长普遍认为，学校管理权应当掌控在学校领导层面，英语教师无权干预学校管理。正因为农村小学校长秉承这样的观念，英语教师无法发挥在学校管理中应有的价值。所以，农村小学校长必须要转变陈旧观念，发挥英语教师在学校管理中的作用。此外，农村小学校长还应当尊重教师，鼓励教师主动参与学校管理，在平等的基础上与英语教师充分交流。

2. 加大英语教师参与管理的范围

广西农村小学英语教师精力有限，平时工作任务已经占据大部分时间，对于学校各项管理工作，英语教师没有办法每项都参与，农村小学领导就需要根据英语教师的情况，决定英语教师能参与到哪一层次的管理以及参与的程度。校领导也应充分考虑与英语教师自身利益相关问题。

3. 加强英语教师对学校决策监督

就目前情况而言，农村小学英语教师并不能够深入参与学校决策，仅是单纯提出自己的意见与看法，英语教师并未能够真正参与重要决策，这就导致了英语教师出现抵触情绪，认为自己的权利并未得到保障，对所做出决策并不认同。农村小学在做决策时，应当鼓励英语教师积极参与，积极提出自己的意见、想法。农村小学也应当及时而全面公开学校做出的各项决策。同时，要落实好"三会"制度，即教师代表大会、决策咨询会、群众座谈会。

（三）完善教师评价体系

目前，广西农村小学英语教师评价体系还不够科学、完善、准确，甚至在公平公正方面有所欠缺，存在操作不当的问题。这样不仅不能发挥教师评价给教师带来的积极作用，反而会挫伤农村小学教师工作积极性，降低教学质量，还有可能造成教师流动。可见，广西农村小学英语教师评价体系还有待改善，具体可以从以下几点出发。

1. 评价体系综合化

目前，广西农村小学英语教师的评价体系比较单一，对于不同情况仍是采取毫无差别的对待方式，很多时候仅仅凭借一次评价决定与教师利益相关的各项问题。对农村小学英语教师而言，这样评价有失公平，也使得英语教师过于忧虑评价结果，由此给工作和生活带来不良影响。因此，对农村小学英语教师的评价，需要综合化评价体系，即要综合考评英语教师工作，考核内容包括德、能、勤、绩，即包括英语教师的师德师风、教学效果、科研业绩、参加农村小学组织的各种校内外活动等。

2. 评价主体多元化

教师评价体系要从中立角度出发，公平公正，不偏袒任何一方。一旦在具体实施过程中失之偏颇，让原本公平的评价体系对一些人、群体有利，就会损害一些个体、群体的利益。因此，在农村小学教师评价过程中，如果能做到评价主体多元化，则可在很大程度上保证评价制度操作过程的公平性。农村小学教师评价根本在于激励教师，但是这无疑也会给教师带来压力，就会导致教师出现一些不良行为，如有的教师为了博得学生好感，对学生不加管制、放任自流，这其实就是负面激励。这表明，单单看学生对教师评价是不全面，也是不科学的。所以，对于农村小学英语教师的评价，不仅要关注评价主体的多元化，也要分清评价主体的主次地位。具体而言，对于农村小学英语教师评价主体应该至少包括农村小学的领导、同行（最好是英语教师）、学生等。要客观、综合地看待这些评价主体的评价。

3.评价信息公开化

由前面评价主体多元化可见，农村小学组织对英语教师考核工作时，被考核的英语教师必须回避。但在实际考核工作中，总是存在各种各样的问题，其根本原因在于考核信息不对称。目前，为保护学生，学生评价都是采取匿名制，这样就给了学生发挥主观的自由性，影响评价的客观性。为引导学生对英语教师进行客观评价，应当采取实名打分制度，让学生对所做评价做一定的陈述，确保评价的公正性与客观性。在综合农村小学领导的评价、同行的评价、学生的评价之后，公开对农村小学英语教师的评价信息时，应当是在一定范围内公开，而不是全面公开，这样一来也可以保护英语教师的自尊心。

第三节　有效提高广西农村小学英语教师职业幸福感

教师职业幸福感不仅会影响教师自身生命质量与工作态度，同时也会影响他人的工作动力与教师职业的吸引力，从而影响教师队伍建设与影响教学质量[①]。广西农村受自然环境与社会环境的影响，小学英语教师职业幸福感偏低，影响了教学质量提升。因此，在乡村振兴背景下，广西各地教育行政主管部门应从广西农村小学英语教师实际情况出发，采取有效措施，提高教师职业幸福感。

---

① 赵岚，伊秀云. 中小学高级教师职业幸福感的现实困境与纾解之策 [J]. 现代教育管理，2022（2）：94–101.

一、增强广西农村小学英语教师职业认同

教师职业认同是教师专业发展的动力，对维持教师工作动机也具有积极影响。教师缺乏职业认同会出现职业倦怠、离职等影响职业幸福感的消极行为，教师要正确看待教师这一职业，树立正确职业价值观，明确自身职业规划，不断提升自身专业素养，才能增强对教师职业的认同感，成为农村小学英语教师队伍的中坚力量，推动农村教育事业的发展，实现广西农村小学教育振兴的目标。

（一）树立正确的职业价值观

马斯洛需求层次理论指出，人都有物质与精神需求，自我价值的实现是人的最高需求。自我价值实现是建立在对自身价值认识的基础之上。也就是说，要明确自己想要实现什么价值。教师也一样，需要认识到自己价值所在，树立正确的职业价值观。教师是太阳底下最光辉的职业，从选择教育事业那一刻起，就应该清楚地认识到，教师职业并不能够带来巨大的物质财富，甚至可以说是两袖清风。选择教育事业，意味着要过上清贫的生活，只有真正热爱教育事业，才能在教学生活中收获幸福。对于广西农村小学英语教师而言，树立正确的职业价值观，可从以下两方面着手。

1. 政府加强宣传力度

广西各地教育行政主管部门需要加强宣传，让社会对农村小学教师职业有正确认识与认可。只有社会认识到农村小学教师的付出，理解他们所应当获得的回报，从心底里认识、理解与尊重农村小学教师的职业，农村小学英语教师才能将正确职业价值观内化，并以此促进自身职业发展。

2. 教师提高自身意识

农村小学英语教师作为教育工作者，要清楚认识到自己所承担的不仅仅是一份职业责任与义务，更是为国家复兴培养人才的光荣使命，需要以甘于奉献的精神浇灌教育，才能使其充满生机与活力。要正确看待物质需求，将关注点转到自身发展、精神价值上，才能在平凡而普通的工作中找到人生前进方向，不断实现自身职业价值。

（二）明确自身职业发展规划

教师职业规划又称教师职业生涯规划。教师职业生涯是一个人担任教师工作的整个过程。由此可见，教师职业生涯规划是教师对于职业发展各个方面进行设想和规划，具体来说就是对从事教师职业应当达到的目标以及预期成就的设想，对发展阶段顺序以及环境条件的考虑[①]。良好职业生涯规划能够帮助广西农村小学英语教师深刻认识未来发展目标，推动教师成长发展，增强教师职业认同感。教师为明确自身职业发展规划，应努力做到以下几点。

1. 全面了解自身

农村小学英语教师要充分了解自身的情况，对包括自身素质、成长环境、成长经历等自身发展现状进行反思。通过反思，进一步了解自身取得的成绩与不足，了解自身所处的发展阶段。

2. 设计发展目标

设计发展目标，目标包括总目标、阶段性目标和具体目标。农村小学英语教师首先需要明确，自己想要成为一个怎样的教师这一总目标；然后在不同阶段目标又会有所差异，如教师在青年、中年与临近退休阶段所关注点有所不同，设立目标也有所不同；在不同时期教师有不同目标，这也意味着教师需要设置具体规划，如课题研究、教材开发等。

3. 做好统筹规划

对整个发展阶段进行统筹规划。虽然在发展过程中，会发生诸多计划外情况，但是对农村小学英语教师而言，职业生涯整体规划仍是必不可少的。对此，可从以下几个方面进行思考：达到所制定的目标需要经历几个阶段，自身需要提升哪些方面的素养，需要具备哪些客观条件，根据这些情况考虑每个阶段应当达到成就以及所花费时间，等等。

（三）提高英语教师专业素质

农村小学英语教师专业素养的提高是教师幸福感的重要来源。作为一名农村小学英语教师，需要主动学习新英语教学方法和教学理念，努力提升自己的专业素质。农村小学英语教师在不断进步过程中能够获得成就感，

---

① 陆露. 中小学教师职业规划的实践研究 [D]. 武汉：华中师范大学，2008.

同时会增强对教师的职业认同感。为此，提升农村小学英语教师专业素养要做好以下几点。

1. 要树立终身学习观

作为一名农村小学英语教师，需要加强英语专业知识的学习，提高自身专业素养，尤其是要提高英语口语能力。同时，也要不断学习英语教育教学方面的理论知识。作为一名小学英语教师，了解学生是上好课必不可少的条件，这就要求教师要阅读与教育学和心理学方面的有关书籍，不断丰富自身知识和专业内涵。此外，教师还应把握学习机会，积极参加能够提升自我的各种研讨会、培训以及各种有益于提升专业素养的比赛。英语教师在参加这些活动过程中能够发现自己的不足并改进。

2. 及时进行教学反思

农村小学英语教师要加强对英语教学实践活动、个人经验、教学关系与教学理论的反思，找出自己的不足才能不断完善自己，提高教学水平①。对农村小学英语教学实践活动进行反思，要求英语教师在英语教学实践中，善于捕捉能引起英语教学反思的教学事件，并对其进行检查与加工，系统反思教学事件，形成合理的解决方案；对个人经验的反思要求英语教师对日常教学事件进行记录，形成文本，并对文本进行分析解释，从而使英语教师经验得到升华；对英语教学关系进行反思，要求英语教师能够从认识、实践和价值三个角度对各种教学关系进行反思；对教学理论反思，则要求英语教师能够从理论层面对个人经验体系进行解释与构建、对英语教学理论进行实践与理论反思。

二、增强广西农村小学英语教师的归属感

农村小学英语教师对于职业和学校的归属感是小学英语教师投身于教育事业的关键动力，缺乏归属感会影响教师教学工作积极性，不利于农村教育事业发展。为此，各级教育部门和学校应关注这一问题，充分利用乡村振兴下农村教育振兴各项战略部署，改善农村小学英语教师的生活条件，提供小学英语教师专业发展机会，建立教师多元评价机制以增强广西农村

---

① 李长吉，张雅君. 教师的教学反思 [J]. 课程·教材·教法，2006（2）：85-89.

小学英语教师的归属感。

（一）改善农村小学英语教师生活条件

获得幸福感的第一步就是要提高生活水平，但是在广西农村，由于经济落后，配套设施不够，农村小学英语教师生活条件还有待提高。为了改善广西农村小学英语教师的生活水平，应当从以下几点出发。

1.改善教师住宿条件

广西农村小学英语教师工资不高，他们当中很多还没有买房子，通常都是多名教师一起挤在狭窄的教师宿舍，甚至是住在地下室，也没有相应的家电。相关部门应当给予农村小学教师经济支持，对农村小学教师宿舍进行改造，或建设新的教师宿舍，让农村小学教师住得好。

2.加强校园文化建设

校园是教师工作的场所，教师大部分时间都在校园中度过，加强农村小学校园文化的建设，能够给予英语教师良好的工作环境，让英语教师能够带着愉悦的心情工作。为了营造美好校园，应当从抓好学校校园环境建设、加强学校校风建设、重视社团文化建设等方面入手。

3.完善校园文体设施

由于农村小学文体设施有限，很多小学教师业余时间都花费在了玩手机、看电视上，这样日复一日，生活枯燥又乏味，这样的生活算不上高质量。农村小学应当建设学校排球、乒乓球场所、羽毛球场等室外运动场所，还可购买一些室内运动设备，丰富教师业余生活。

4.解决教师交通问题

很多广西农村小学地理位置都比较偏僻，交通不便，包括英语教师在内的很多教师不会开车，周末回家非常困难。学校与相关部门应通力合作，购置或者租用车辆，解决农村小学教师交通难题。

（二）提供英语教师专业发展学习机会

广西农村小学英语教师专业素养和教学能力有限，但是他们有较强的自我提升的意愿，特别是在专业发展学习上。如果这一需求长期得不到满足，他们就会产生职业倦怠，甚至会影响教师的归属感。为向广西农村小学英语教师提供专业发展学习机会，应从以下几个方面入手。

1.农村小学要合理安排英语教师外出学习

英语教师在外出学习过程中能够调节自身情绪，开拓视野，在学习其他学校教师的优点时，找出自身的不足，积极汲取其他学校教师的长处，努力提高自身专业素养与教学水平。

2.农村小学要积极开展小学英语教研工作

师资力量不足是影响广西农村小学开展英语教研的重要因素。针对这一情况，农村小学可就近与兄弟学校联合开展小学英语教研活动。在有目的、有计划的教研工作中，英语教师专业能力与业务水平能够得到很大提升。

3.农村小学要鼓励教师参加各类教学竞赛

英语教师在参加教学竞赛过程中能够推动自身挖掘专业知识内涵，促进英语教师专业发展，但很多农村小学英语教师认为自身水平不高，不愿参加教学竞赛或者是消极备赛，教学竞赛的作用就得不到发挥。为此，农村小学需要对英语教师参加竞赛所产生的一些费用予以报销，给获奖英语教师一定物质奖励，以此调动英语教师参加竞赛的积极性。

（三）建立英语教师多元化的评价机制

广西农村小学对于新课改所提倡的素质教育并不是很重视，很多学校仍然以学习成绩来评价教师。这样单纯追求成绩的教师评价机制让很多教师倍感压力。为了有效提高农村小学英语教师的幸福感，改变传统追求成绩的评价方式刻不容缓。建立广西农村小学英语教师多元化的评价机制，应重做好以下几点工作。

1.评价内容多元化

广西农村小学传统评价方式关注对小学英语教师的教学评价，忽略对教师其他方面的综合评价，对英语教学评价仅仅依据学生的成绩或评价者做出的主观判断。因此，评价内容应扩展到英语教师应当的具备能力等各个方面，从英语教师专业素养、职业道德、教学能力、管理能力等方面对英语教师进行综合评价。

2.评价主体多元化

英语教师评价的主体比较单一，主要是学校管理者的评价。为了更好地对教师进行评价，应让教师、同事、学生共同参与评价，建立多元的英语教师评价主体，让英语教师能够从多渠道获取建议，不断提高自身专业素养。为了确保评价的公平、公正，还应当兼顾不同主体的评价在英语教师评价中所占的比重。

3.评价方法多元化

不同评价主体在评价过程中所采取的评价方式有所不同，不同评价内容也需要以不同方式进行评价。因此，评价方法也应当多元化。要坚持结果评价与过程评价相结合，定性评价与定量评价相结合，自评和他评相结合。

三、提高广西农村小学英语教师社会地位

农村教育是乡村振兴事业的基石，农村教师是农村教育事业发展的关键因素，发展农村英语教育事业要以提升农村小学英语教师的社会地位为突破口，针对农村小学英语学科不受重视，对小学英语教师重要性认识不够的问题，从提高广西农村小学英语的学科地位、营造尊师重道的社会环境这两方面入手，提升教师职业幸福感。

（一）提高小学英语的学科地位

由于师资力量匮乏，在不少广西农村小学，英语课程一直都是一门只在课程表中存在的课程。新课改之后，各级教育部门为贯彻落实新课改的各项要求，将英语纳入正常教学安排当中，英语课在广西农村小学中才有所提升。但是，由于受到农村落后教育观念以及落后经济水平的制约，广西农村小学英语学科地位始终没有得到实质性提升。对此，笔者认为要做好以下工作。

1.政府加大宣传的力度

广西各级教育行政主管部门要在农村大力宣传在小学阶段开设英语课程的重要性，让广大人民群众明白，在小学阶段学好英语对孩子成长的重要意义，从而在农村形成重视英语的氛围。

2.全社会重视英语教师

农村小学要正视小学英语教师的重要性，在英语教师考评、奖励等方面要一视同仁。小学英语教师受到重视了，才能让社会各界意识到小学英语的重要性，从而提高小学英语的学科地位。

3.重视英语的科研工作

由于各种原因，广西农村小学及其英语教师在小学英语科学研究工作及科研论文的写作方面工作业绩不多见。这就使得广西农村小学英语教师及小学英语学科地位较低。因此，农村小学及英语教师都要重视小学英语的科研力度，学校方面应该为英语教师提供相应的科研经费。英语教师则应当对自身充满信心，除处理好教学工作外，要积极投入科研工作中，以实际行动改变大众对小学英语的态度，提高农村小学英语教师及英语学科的社会地位。

（二）营造尊师重道的社会环境

教师工作并不轻松，小学教师更是如此。小学阶段是孩子成长的重要阶段，作为一名小学英语教师，不仅要关注学生的英语学习，还要关注学生的身心健康。在小学阶段，学生刚刚开始学习英语，要引导学生学习好英语，很不容易。因此，社会各界都需要对小学英语教师的付出给予肯定，这样英语教师才能有动力，才能对教育事业充满热忱。

不难看到，很多英语教师在一开始都带着满腔热忱去教育孩子，但慢慢他们就失去了这份热爱，这其中很大一部分原因就在于英语教师的社会地位不高，特别是在广西农村小学，尊师重道的社会风气尚未真正形成。为了营造尊师重道的社会环境，应当从以下两方面出发。

1.利用媒体进行广泛宣传

利用网络、电视电影等宣传尊师重道的思想，宣扬优秀英语教师的先进事迹。深入挖掘宣传小学英语教师职业道德，弘扬高尚师德榜样，引导全社会形成尊师重道的新风尚，对优秀英语教师的典型事迹进行宣扬报道。可以在社交媒体平台、短视频平台开设宣传专栏，多角度对优秀英语教师的典型事迹宣扬报道。通过对英语教师光辉事迹的宣传让优秀教师的形象深入人心，从而推动社会形成尊师重道的环境。

2.表彰优秀的教育工作者

目前，很多关于教师失德的负面新闻使得大众对于教师失去信心，甚至会质疑教师，但是失德的只是个别教师。对在农村小学工作的优秀英语教师进行表彰能够让大众看到他们的艰辛，让大众对农村小学英语教师的工作有进一步了解，才能激起社会大众对教师的敬意，从而构建尊师重道的社会环境。

广西农村教育是广西乡村振兴的发力点，发展农村教育，关键在于建设一支结构合理的广西农村小学英语教师队伍。教师培训是促进教师专业发展的重要途径，对建设优质的教师队伍有重要的推动作用；教师理论素养是教师事业发展的基石，教师理论素养的提升能够指导教师的教学实践，推动教师的成长；减少教师城乡之间不合理的流动，能够保障学校师资结构的均衡性与合理性；增强教师的职业幸福感，能够让教师保持工作积极性，提升教师工作效率，建设一支优秀的英语教师队伍。只有将以上几点工作落到实处，才能建设一支结构合理的广西农村小学英语教师队伍，提升广西农村小学英语教学质量，从而推动广西乡村振兴事业快速发展。

（三）确保农村教师的薪资待遇

工作、生活环境和经济收入一定程度上影响着个人的社会地位，这些要素同样影响着教师的职业声望，影响着教师的积极性和责任感。近年来，我国越来越重视农村的基础教育事业，广西农村小学教师的生活条件及薪资待遇不断得到提高，农村教师也得到补助和职称评定比例提高的待遇。但是由于地理位置和经济水平等因素影响，广西农村小学教师的经济收入还是不尽如人意，并且大部分广西农村小学基础设施较为落后，教师住宿、办公条件也较为简陋。因此，要提高广西农村小学英语教师的社会地位，政府和教育行政部门应加大对农村小学的资金投入，确保农村小学教师得到合理的薪资待遇，改善广西农村小学英语的生活、工作环境。

第四节　广西农村小学英语教师个人

提升能力的路径分析 ①

行为主义旨在预测和监控人的个体行为，尤其强调社会环境对人的"塑造"所具有的积极作用。可见，行为主义对于贫困地区乡村英语教师提升自身业务水平具有积极的指导意义。随着我国各级各类教育事业的不断发展，人们对教育提出更高的要求，这也必然对教师提出更高的要求。2018年9月10日，习近平总书记在全国教育工作大会上，强调，新时代新形势，改革开放和社会主义现代化建设、促进人的全面发展和社会全面进步对教育和学习提出了新的更高的要求。这是党中央对教育及学习提出的要求，也是对教师提出的要求。在乡村振兴背景下，广西农村小学英语教师必须要转变观念，不断学习，更新自身的知识结构，提升自身的专业技能，以适应新形势对教育提出的要求。

一、坚持终身学习

广西农村小学英语教师要提升对继续教育的认识，转变思想观念，要实现由"要我参加培训"到"我要参加培训"的转变，树立终身学习的理念。他们的主观能动性提高了，主动要求参加继续教育不同形式的培训，必将增强培训效果，才能真正达到预定的效果，方可为广西农村小学英语教学质量的提高打下坚实的基础。

二、提高教学能力

"打铁必须自身硬"。广西农村小学英语教师要提升自身的教学能力，就要加强业务学习，夯实英语教学理论基础知识，拥有过硬的教学技能，才能使得自己"硬"起来。其一,对于学历偏低的广西农村小学英语教师而言，

---

① 本节节选自作者吴俊论文《精准扶贫背景下贫困地区乡村教师队伍建设的思考》（百色学院学报 2019 年第 1 期）并加以适当修改、整理.

应通过提升学历，系统地学习英语专业知识及英语教学理论知识。其二，广西农村小学英语教师要熟知各类有关教师培训的政策及教育部门制定的培训计划，充分用好有关政策，积极参加各类业务培训，如国培计划，学习、掌握最新的中小学英语教学理念。其三，参加学校及当地教育部门组织的教研活动，如观摩优秀教师的英语课堂教学等。其四，学习、掌握适合广西农村小学英语教学实际需要的现代教育技术，使得广西农村小学英语教学更现代化。

三、提高科研能力

子曰："工欲善其事，必先利其器。"对于广西农村小学英语教师而言，开展科研工作并非高深莫测，遥不可及，利"其器"，只要掌握一些符合广西农村小学英语教学实际需要的理论基础及科研方法，则可达。对此，笔者认为，广西农村小学英语教师首先要夯实小学英语教学所需的理论基础知识及科研方法。其次，要运用英语教学相关理论分析、解决与广西农村小学英语教学密切相关的问题。常言道，"巧妇难为无米之炊"。可见，广西农村小学英语教师要开展科研工作，就必须掌握一定的相关素材，具体而言，广西农村小学英语教师要在英语教学中寻找科研所需的素材。其一，认真学习、分析小学英语教学大纲，结合广西农村小学英语教学的实际情况，就如何根据大纲开展英语教学做一些分析并形成文字，这也是很不错的科研成果。其二，就不同出版社的中小学英语教材作对比分析，寻找不同英语教材的优劣势、重难点等，也可以分析小学英语教材中涉及的中国文化元素，对这些中国文化元素进行分类，分析其文化内涵，思考在英语教学课题中如何向学生呈现等。其三，可以分析小学英语试卷的题型及涉及的语法知识点，结合学生答题及得分情况做具体的分析，并就今后英语教学提出若干建议等。诚然，广西农村小学英语教师还可以从其他方面就自身教学做相关分析。提升科研能力，一方面，英语教师能及时更新知识结构，更新英语教学理念，为农村小学英语教学服务，另一方面，也可为英语教师晋升职称提供坚强有力的职称材料。

四、提升学历

如前文调查结果所述，还有部分广西农村小学英语教师学历相对偏低。对此，笔者认为，学历相对偏低的这部分英语教师要及时通过继续教育来提升自身的学历，以此适应社会对英语教师提出更高学历的要求。在我国，继续教育学历教育包括成人高等教育、自学考试、网络教育等[①]。继续教育学历教育的办学实践表明，小学教师主要是通过成人高等教育来提升学历，自学考试及网络教育则次之。这主要是因为通过成人高等教育获得学历证书的时间周期相对短些，难度也比较小，通过自学考试或网络教育获得学历证书的时间则要长些，难度也大些。下面就成人高等教育及自学考试做进一步的分析。

（一）成人教育

成人教育就是由考生自主报名参加教育部组织的全国成人高考，达到省/区/市招生考试院划定的分数线，经过招生考试院批准，即可被报考的院校录取，取得学籍，通过函授或业余，修完培养院校人才培养计划的全部课程，全部成绩合格，即可申请毕业，获得毕业证。对于成人高等教育的英语专业（师范类本科）而言，修完公共必修课、专业必修课、实践课、公共选修课，且所有课程成绩合格即可毕业，符合学位授予条件的，可授予文学学士学位。

（二）自学考试

如前上文所述，选择成人高等教育的考生需通过统一考试后，方可取得学籍，参加报考专业的课程学习。自学考试则无需通过统一考试，考生就可报考具备自学考试资质的高校，以考生自学为主，也可参加社会机构开办的自考助考班，参加主考高校组织的单科考试，考生完成自考专业规定的全部科目考试且合格后，就可申请毕业。总的来说，自学考试具有开放性、灵活性等特点。主考高校开设的自考专业面向社会开考，灵活性则是指考生可以根据自己的需要，在规定的开考时间内，自主选报考试科目。对于英语专业（师范类本科）而言，考完所有考试科目且成绩合格，就可

---

① 张晓煜. 自学考试制度转型路径研究 [J]. 职业技术教育，2016, 37（7）：65-68.

以申请毕业。

（三）网络助学

近年来，随着网络技术在教育领域的广泛应用，自学考试有了新的突破，即建立网络助学平台，集课程、资料、练习、辅导、咨询为一体，借助网络和各种移动终端，让考生真正实现随处可学、随时可学[①]。此外，还可以在网络助学平台增设考生个人系统，考生可在系统提交作业，教师则可在系统评阅作业、指导考生进行论文写作，实现师生之间的互动[②]。基于此，笔者认为，借助网络助学平台，就可以让英语专业（师范类本科）的考生尽快完成规定的考试科目，早日完成学历提升的计划。

以上成人高等教育、自学考试、网络助学的英语专业（师范类本科）课程涉及英语听、说、读、写、译等技能的培养，包含英语专业的语言学、英美文学等核心课程，还包含凸显师范性的教育学及学科教学技能的课程。这就为考生毕业后从事英语教学工作夯实基础。

综上可见，本章紧紧围绕建设一支结构合理的广西农村小学英语教师队伍进行论述，其中包括农村小学英语专业素质培训、教育理论素养等。根据广西乡村振兴的工作要求，只有抓好广西农村小学英语师资队伍建设，提升广西农村小学英语教学质量才能得以落实，广西农村教育振兴才能得以实现。

---

① 张晓煜. 自学考试制度转型路径研究 [J]. 职业技术教育, 2016, 37（7）: 65-68.
② 郑俊玲, 张晓军, 邹良华, 等. 网络助学在自学考试教育中的运用策略 [J]. 成人教育, 2016, 36（6）: 33-36.

第四章　合理选用适合广西农村小学英语教学实际的教材

广西农村小学英语教学离不开必要的英语教材。因此，合理选用适合广西农村小学英语教学实际需要的英语教材，就显得尤为重要。在乡村振兴背景下，提升广西农村小学英语教学质量，必须要选择符合广西农村小学生实际情况的英语教材，要根据广西农村小学生认知特点使用英语教材。此外，还要根据农村小学英语教学实践，整合小学英语教材教学内容，才能切实提高广西农村小学英语教学质量。

第一节　选择符合广西农村小学生实际情况的英语教材

在实施乡村振兴战略背景下，国家更为关注落后农村基础教育质量。对于广西农村小学而言，小学英语教学质量是急需提升的短板之一。由于受多种客观条件限制，广西农村小学生学习英语的渠道和方式较为单一。英语教材是小学生学习英语最主要的学习工具，因此要推动广西农村教育振兴，就要选择符合广西农村小学生实际情况的英语教材。为此，需要在了解广西农村小学生英语学习实际情况的基础上，合理选取适合广西农村小学教学所需的英语教材。

一、广西农村小学生英语学习实际情况分析

学生是使用英语教材的主体之一。因此，广西农村小学英语教材选择必须要充分考虑学生英语学习的实际情况。根据前文调查结果显示，广西农村小学生在学习英语过程中会受到多种因素的影响，主要有以下三个方面：农村小学生生活及教育环境、农村小学生英语学习的现状、现行英语教材使用情况。

（一）农村小学生生活及教育环境

为了解广西农村小学生英语学习的实际情况，首先就要对农村小学生生活及教育环境进行分析。农村小学生生活和成长背景对学习英语过程产生非常重要的影响。因此，必须要对广西农村留守儿童家庭总体情况、农村小学生的生活水平和生活条件进行分析。此外，还要考虑制约广西农村小学英语教育质量的因素。

1.广西农村留守儿童家庭总体情况的分析

众所周知，发达城市与落后农村之间存在着明显的经济差距。因此，农村小学生的生活及教育环境无法与城市小学生的生活进行比较。尽管我国近几年来正在加大力度扶持和推进农村建设，推行更加完善的教育体制，但广西大部分农村生活水平和生活条件仍处于较低水平。一方面，广西许多农村家庭成员受教育程度较低；另一方面，根据前文调查结果显示，为了贴补家用，增加家庭的经济来源及收入，75.5％小学生的家长选择长期外出务工，而将小孩留在农村由老人照看，这些孩子由此成为留守儿童。

2.广西农村小学生的生活水平和生活条件

由于广西农村基础建设、文体娱乐等方面的设施还没得到进一步完善，大多数农村小学生的日常活动比较单调。由此可见，广西农村小学生的生活水平和生活条件还比较落后。近几年来，广西农村教育问题引起了社会关注。因此，随着我国经济水平不断发展提高，国家对农村基础教育事业投入资金也在逐步增加，广西农村小学教育也获得政府更多教育拨款和财政支持、补贴等。但是，广西农村小学在教育资源、教师素质、校园建设等方面还不尽如人意，还不能满足广大农民群众对优质教育资源的要求。

3. 制约广西农村小学英语教育质量的因素

其一，广西农村小学英语教学正常开展所需的经费不足。因此，无法为广西农村小学生提供比较丰富的英语教学活动，还有部分农村小学设施和教学设备缺乏修缮、更新，校园活动场所比较老旧，教学设备老化，无法满足英语教学及小学生英语学习的需要。

其二，广西农村小学校园文化和校风校纪建设是影响小学英语发展重要因素之一。校园文化和校风校纪属于"隐性课程"，在学生的成长道路上发挥着"润物细无声"的作用。但由于广西农村小学经济相对落后，且受到办学条件限制，学校无法为英语教学提供更多丰富的校园设施和校园活动。从整体来看，广西大部分农村小学教育环境较差。可见，广西农村小学校园文化建设工作仍需不断加强，才能为英语教学提供一些校园文化氛围。虽然也有部分家长十分重视孩子英语学习，但是由于家长本身文化程度不高，对孩子英语学习的监督仅仅停留在完成英语作业的层面，很难让孩子养成主动学习英语的好习惯，家庭缺乏让孩子能够长期学习英语的氛围，孩子无法养成自主学习英语的意识和行为。

其三，广西农村小学英语师资水平是影响农村小学教育质量的重要因素。目前，广西农村小学英语教师队参差不一，结构不合理，无法保障农村小学英语教育质量。调查结果显示，广西农村小学英语教师教学经验较少，以教龄短的年轻教师为主。大部分农村小学英语教师并非英语专业毕业，不少英语教师是由其他科目的教学岗转岗而来。调查结果显示，广西农村小学容易忽略对小学英语教师专业素养的培养和提升。这势必导致广西农村小学英语教学质量无法得到保障，甚至出现只看是否开设了英语课，而不注重英语教学质量的提升。此外，大部分农村小学年纪稍大的英语教师对教育信息技术态度不够积极，不主动学习和掌握如何在英语教学中借助多媒体技术提高英语教学效果。更有甚者，广西部分农村小学不重视对英语教师开展相关教学技能和教育技术培训，由此导致部分英语教师教学质量与教育理念逐步落后，进而导致农村小学英语教学质量无法得到有效提升。由此可见，广西农村小学部分英语教师并不具备丰富的英语教学理论和教学手段，这些英语教师仅仅依赖自身积累教学经验进行教学活动，由此导致英语课堂教学模式过于单一。从教学过程和方法来看，这些英语教师仅仅是为了教而教，在英语课堂中设计的课堂活动并没有结合具体语境，使得小学生的输出活动没有意义，造成了"无效教学"。广西农村小学英语教师忽视农村小学生活泼好动、好奇心强的特点，对英语科目的教学任务敷衍了事，不注重培养小学生综合运用英语的语言能力。

其四，农村小学英语教师工作量过大。一些英语教师除教授英语科目外，还要担任其他科目的教学任务。广西农村小学英语教师除完成基本的教学任务外，还需要负责其他一些非教学任务的工作，如对学生进行"控辍保学"的主题教育，保障农村小学就读率，保证义务教育阶段学生入学就读，等等。

（二）农村小学生英语学习的现状

受到多方面因素影响，广西农村小学办学条件、教学资源和学习氛围等仍然存在相当多的问题。百年大计，教育为本。因此，作为教育之根本的基础教育在国家兴盛发展之路上尤为重要。在基础教育阶段，广西农村小学英语教育需要注重和提升短板。对于这些短板，要通过现象看到本质，才能为解决问题而提出针对性的策略。因此，为确保提高广西农村小学英语教育质量，为小学生终身发展奠定良好的基础，必须要"对症下药"。

1. 农村小学生跨文化交际的意识不够强

在小学英语教学中，体会和学习异国的风土人情、生活习俗、历史地理等文化知识，有助于加深小学生对文本内容的理解，提升自身跨文化交际意识。目前，在广西农村小学英语教学中，英语教师往往重视学生英语词汇和语法的学习，却往往容易忽略文化意识的培养。城市里一些条件较好的小学，有条件为学生聘请外籍教师上英语课，学生能够亲身感受和学习地道的英语交际，体会到学习英语的乐趣。与之相比，广西农村小学英语教学资源并没有那么丰富，学生和教师都较少有机会体验外籍教师的英语课堂。所以，广西农村小学英语文化意识的教学现状仍然有欠缺之处。此外，广西农村小学英语教师整体教学素养并不高，部分教师不是英语专业毕业，对中西方文化差异了解也不是很多。他们认为，文化知识不是考试内容，会耽误教学时间，上课时只是单纯地教学生背单词、读课文。可见，广西农村小学英语教师本身不够重视文化知识的教学，只孤立地教授抽象的语言知识本身——语音、词汇和语法，由此导致大部分学生到小学毕业时都不了解英语和汉语之间的差异，对英语国家的风俗习惯、行为方式知之甚少。真正见到外国人，根本不能恰当得体地进行交流。

2. 农村小学生缺乏有利英语学习的环境

广西农村小学生缺乏学习英语的环境，随着社会进步以及城市飞速发展，因父母长期外出务工，农村许多孩子变成留守儿童。即便有一些家长会在家里看管小孩，但是孩子家长的思想意识以及知识水平还比较低，对于小学生英语学习方面，几乎无法帮助孩子，无法解决孩子在英语学习上遇到的困难。广西很多农村小学设备还未健全，教学环境不理想。这是造成小学生英语水平低的客观原因。同时，农村小学英语教师教学方法不够新颖，由此导致广西农村小学英语课堂教学缺乏生动有趣的环境。

3. 广西农村小学生缺乏英语学习自信心

根据前文调查结果显示，一方面，无论是在学校还是在家里，广西农村小学生英语学习方面得不到应有的重视；另一方面，广西农村小学生英语学习能力和英语水平都不尽如人意。究其原因，广西农村小学生英语课后几乎不复习，由此造成他们英语水平低。也是这些因素导致广西农村小学生对英语学习不自信，甚至逃避英语学习。

（三）现行小学英语教材使用情况

对于教师来说，上好一节课的前提是做好备课工作。小学英语教材是英语教师进行备课最重要、最基本的工具，是英语教师制定英语教学目标、设计教学活动的依据，是英语课程基本理念的体现。同时，英语教材也是小学生学习英语的基本工具。小学英语教师对英语教材进行全面、深入的分析，有助于引导学生学习、掌握以及运用英语语言知识。由前文调查结果得知，目前，广西农村多数小学使用人教版小学英语教材（三年级起点），也有少部分学校使用外研社新标准三年级起点教材。

人教版小学英语教材自从投入使用后就受到许多教师的青睐。据广西多数农村小学英语教师反映，人教版小学英语教材内容更适合小学生的这个年龄阶段。实践表明，广西农村小学英语教师只有把握这套教材的特点，在小学英语教学过程中，才能更好引导学生抓住英语学习重点，引导学生掌握英语教材内容。学生在学习这套英语教材的过程中，可以直观地感受到这套教材所具有的新颖性，比较容易找到小学英语的学习点。

二、合理选取广西农村小学适用的英语教材

目前，我国现行使用的小学英语教材有多种版本，各具特色。如何合理选取广西农村小学适用的英语教材，需要从下三个方面进行分析：农村小学英语教材编排特点、农村小学英语教材文化内容、农村小学英语教材插图内涵。

（一）农村小学英语教材编排特点分析

如前文分析，目前，广西大部分农村小学主要使用人教版小学英语教材（三年级起点），也有部分学校使用外研社新标准三年级起点教材。小学英语教材是基于小学生的身心发展特点、认知程度、思维发展水平等因素进行编写。同时，《义务教育英语课程标准（2022 年版）》为英语教学内容选取、编排提供基本依据。以人教版小学英语教材为例，教材内容的编排是以单元为基本单位，每个单元都包含了听、说、读、写等英语语言技能的训练板块。各单元都包含某个特定话题，围绕这个话题呈现重点单词和句型，具有鲜明的情境性。虽然各单元教学活动或板块是依次按顺序呈现，但是活动与活动之间存在着内在联系，使得教学单元呈现整体性和系统性的特点。总的来说，人教版小学英语教材是依据一定规则组成的系统，即这个系统"运作"的轴心就是单元主题，各单元教学活动和教学板块正是基于单元主题开展。

1. 把握单元主题及内容

人教版小学英语教材各单元开始前，先呈现一幅主情景图，让小学生先整体感知本单元主题和内容。教材单元中各板块的教学活动也会呈现不同背景，对学生的学习要求和学习目标也有所不同。人教版小学英语教材各单元基于单元主题，可以延伸出相应的话题，换言之，教学单元依托某一个特定的主题，再围绕该主题引出话题，话题包含具体的语境，有利于小学生理解和掌握单词和语法的运用，注重各教学板块之间的整体性。

2. 遵循循序渐进的原则

人教版小学英语教材中每个单元的单词和句型是循序渐进式的重复出

现。例如，人教版小学英语五年级下册 Unit 2 My favorite season 这个单元重点句型"Which season do you like best？"在 Part A 部分出现了 4 次，在 Part B 部分一共复现 5 次。四个季节的单词以及相关的形容都分别在 Part B 部分复现多次。由此可见，人教版小学英语教材编排尤为重视重点单词和句型在不同单元板块中的重复出现。《义务教育英语课程标准（2022 年版）》指出，小学英语教材编写原则之一是科学性原则，强调教材编写要依据小学生学习语言的规律。此外，还要遵循循序渐进的原则。由此可见，重点单词和句型以重复出现的形式呈现，学生能够由初步感知逐步向巩固提升过渡，最后能够自然而然地内化、掌握新知识，理解英语句型的结构和语用功能。

3. 充分用好教材的插图

人教版小学英语教材最明显的特点之一，就是这套教材中蕴含着大量的插图。这一个特点符合《义务教育英语课程标准（2022 年版）》所提出的教材编写原则，即教材趣味性原则。同时，《义务教育英语课程标准（2022 年版）》还在语言技能分级标准当中提出，要求学生能够听懂简单的配图小故事、能在配图帮助下讲简单的故事、能借助图片读懂简单的小故事、能够在图片的帮助下写出简短的语句。因此，人教版小学英语教材里面的插图对于农村小学生来说是十分重要的。可见，人教版小学英语教材的插图具有单元整体性和连续性的特点。由于广西农村小学生生活经验比较单一，一开始难以理解教材中的部分单词，需要借助直观形象的插图，才能更好地理解单词或句子的含义和意义，从而加深对单元内容的理解。

4. 实施整体语言的教学

由于受传统教育观念和教学方法的束缚，仍有部分广西农村小学英语教师难以主动吸收和学习新教学理念，在农村小学英语课堂上依旧使用简单而机械的教学模式，对小学英语教材的解读缺乏深刻性，甚至完全不解读教材。这一类"过度依赖型"的教师，在课堂上只教给学生教材，完全遵循教材内中各个板块和活动顺序，即独立地开展英语教学。但这种教学方式并没有考虑到"整体语言教学"的教学原则，而是将知语言知识和语言技能割裂开来，缺乏语言情境。《义务教育英语课程标准（2022 年版）》要求教师要具备"用教材教"的能力，强调英语教师应深入挖掘英语教材内容，把握英语教材各个单元和各个教学活动之间的联系，整合重点难点知识。因此，广西农村小学英语教师应当根据农村小学生的学习特点和认知程度，从整体上对小学英语教材的编排特点进行深入分析，提高自身专业水平并指导英语课堂教学实践。

（二）农村小学英语教材文化内容分析

语言学习过程也是文化学习过程。可见，文化学习对语言学习有重要的作用。作为一名小学英语教师，应该具备一定的英语文化素养，重视培养学生的英语文化意识。《义务教育英语课程标准（2022年版）》明确提出，要在英语教学中使学生了解外国文化，在感受中外文化异同的过程中，加深对中华优秀传统文化的热爱，提高跨文化交际能力。因此，广西农村小学英语教师应对教材文化内容进行分析，整体把握英语教材的文化教学内容，有利于在英语教学中更好地引导学生学习英语文化内容，提高学生学习英语的兴趣和学习动机，培养学生的英语文化意识、语言能力、跨文化交际能力。

在人教版小学英语教材中，英语文化内容的呈现和教材形式主要是以显性为主。教学单元是教材编写和教师教学的基本单位。在人教版小学英语教材中，每个单元都依托单元主题，对英语文化教知识内容进行了编排。可见，人教版小学英语教材尤为重视文化教学。英语教材中的文化内容呈现形式包括插图和文字两种形式，贴近学生的生活实际，具有生活性和趣味性的特点，能够激发学生的学习兴趣，使学生乐意去了解、接受。例如，有关节日的文化知识教学，包括教师节、母亲节、春节等，这些节日是小学生在现实生活中经历过的，小学生对这部分学习内容十分熟悉，拉近了学生与教材之间的心理距离。同时，这些英语文化知识的教学具有十分宝贵的育人价值。根据"立德树人"的教育理念，广西农村小学英语教师要关注到文化知识学习对学生品德发展所具有的重要性，在英语教学过程中注重渗透德育。

（三）农村小学英语教材插图内涵分析

丰富多彩的插图是小学英语教材最鲜明的特点之一。小学生能够借助英语教材插图呈现的信息，从而更好地理解文本内容，有助于发展学生综合语言运用能力，提升英语学科核心素养。因此，英语教师应深入挖掘小学英语教材插图所具有的积极作用，合理运用小学英语教材的图文资源，培养小学生英语学科的批判性思维。

1. 小学英语教材插图所具有积极作用

《义务教育英语课程标准（2022年版）》对语言技能要求中明确提出：能根据图片和标题，推测语篇的主题、语境及主要信息；推断图片传达的意义；借助图片提取主要信息；等等。可见，小学英语教材中的插图是学生进行英语学习最重要的资源之一。借助文本的插图，在理解词汇和语篇的过程中可以减少小学生的认知负荷。图画、颜色、字体、表格、标点符号等直观视觉符号组成了多模态资源。小学英语教师要在教学过程中，对小学英语教材中的语言符号资源和图像符号资源进行灵活整合，引导学生自主观察并概括插图的特征和内涵，有利于激发和维持小学生学习英语的兴趣，对学生思维品质培养起到促进作用。要达到灵活运用教材图文资源的目的，需要掌握英语教材图文之间的关系。

2. 合理运用小学英语教材的图文资源

在人教版（三年级起点）英语教材中，三年级上册Unit1当中的Let's learn部分以图像加文字的形式呈现文本内容，即使学生不理解ruler这个单词，也可以通过图像中的直尺与单词进行意义建构，从而拉近学生与知识之间的距离，容易理解和掌握，加强、巩固学生对单词、短语的输入学习。在英语教学中，英语教师要注重分析课文情节之间的逻辑，合理运用相关图文资源。如果英语教材中有部分课文内容的情节逻辑性不强，英语教师可以在学生认识能力的基础上，对图文资源进行创造性的补充，利用本文的图文关系，培养学生"看"的识读技能，增强学生思维品质的逻辑性。这不仅能让学生看懂、描述图文，还可以让其得体地、有逻辑地运用英语进行交际活动。在小学阶段学习英语不仅是为了提高综合语言运用能力，也要注重学生能通过体验英语国家的文化风情，逐步形成跨文化意识，增强民族自信感和爱国情怀，促进小学生个人心智发展、提高人文素养。

3. 培养小学生英语学科的批判性思维

要将学生培养成为合格的社会主义接班人和建设者，英语教师就必须要关注、培养学生批判性思维。而批判性思维并不单纯地意味着对某种事物或者行为进行否定，重点在于学会带着质疑的态度，从不同角度对周围世界进行认知，能够关注到彼此之间的相同或不同之处，认识到并非事事都可一概而论，进而锻炼学生对各种观念或行为进行道德价值判断的意识和能力，提升思维品质的批判性。例如，在外研版小学英语教材中，四年级下册 Module10 Unit1 的课文话题是"accident"，在教学过程中，英语教师不但要让学生学会询问、描述过去发生的意外，而且要注意引导学生在现实生活中如何避免发生意外。教材中 Daming 描述与 Sam 骑车出游的每一个细节时，对话框旁边都会呈现对应的小图片，英语教师可以将这些小图片打乱顺序来呈现，依托课文内容，引导学生对图片进行排序，让学生对这场意外的印象更加深刻。最后，可以通过询问学生"What would you do for safety？"引发学生的思考，与其他同学讨论、分享为了避免发生意外怎么做才更安全。除此之外，英语教师还可从另一个角度引导学生考虑：如果发生了意外，怎么帮助他人（或者是如何向他人求助）？这样，学生不仅能够在真实语境中掌握相关英语词汇和语法，也增强了自身安全意识，学会借助语言表达思维，使得批判性思维得到发展和提升。例如，在学习人教版小学英语六年级上册（三年级起点）Unit 6 Part B 板块中的 Read and write 部分之后，英语教师可以鼓励学生再次观察插图的特征，进行创造性的改编，让学生拥有足够时间展开想象，重新构思、绘画插图，尽自己所能运用更多英语词汇或句子表达自编插图内容，加深对 Robin 和蚂蚁各自心情的感受。学生能够发扬自己特长，课堂也被注入了生机，充满了情境性，激发了学生英语学习兴趣和创造性思维。此外，还可以开展编剧本活动。在学习了人教版小学英语六年级下册（三年级起点）Unit3 Part B 板块中的 Read and write 部分之后，英语教师可以引导学生将文本内容改编成一个剧本，分小组进行开展，确定组内成员扮演角色，以表演的形式在班级里进行展示。通过编剧本的创造性活动，学生可以感受到插图中人物的动作、表情、行为所包含的内心情感。这不仅可以提升基础较好的学生的水平，也可以锻炼对学习英语不太自信的学生的能力，使学生在合作表演中得到了英语口语的训练，开阔了思路，对创造性思维起到一定的提升作用。

第二节　根据广西农村小学生的认知特点使用英语教材

小学英语教材是英语教师进行教学工作的重要工具。为提高广西农村小学英语教学的整体质量，推动广西农村教育振兴，英语教师要根据小学生认知特点使用英语教材，发挥小学英语教材的育人价值，提升学生的英语学科核心素养。为此，广西农村小学英语教师要全面把握农村小学生英语学习的认知特点，依据农村小学英语教材选择的基本原则，为农村小学生创造优良的英语课堂，提高广西农村小学英语教学质量。

一、把握农村小学生英语学习认知特点

学生是学习的主人。因此，小学英语课堂要以学生为主体，农村小学英语教师要站在农村小学生的角度来分析、使用小学英语教材。英语学习不仅是获取语言知识的过程，也是促进学生心理、认知和记忆发展水平产生变化的过程。因此，广西农村小学英语教师要全面把握农村小学生英语学习的认知特点，就必须深入分析小学生心理特征、认知规律和记忆特点，据此开展小学英语教学活动，从而提高广西农村小学英语教学效果。

（一）农村小学生英语学习的心理特征

广西农村小学生英语学习的心理特征是影响学习效果的重要因素之一。小学生是独特的个体，每位小学生都有独特的个人心理特征。因此，农村小学英语教师要关注农村小学生学习英语的心理特征，有机结合农村小学生心理特征与英语学习特点。

1.关注农村小学生学习英语的心理特征

英语作为一门在国际交流舞台上重要的语言工具，我国义务教育阶段的英语教学受到广泛关注。掌握一门语言不仅仅意味着能够参与交际活动，同时也能够锻炼学生的思维，提升学生人文素养和拓宽国际视野。小学正处于英语启蒙阶段，由于我国各地区经济生产发展水平不一，部分经济发

达地区具备优质的教学资源和先进的教学理念。欠发达的广西农村整体教育水平不高，小学英语教师队伍结构参差不齐，有些英语教师本身就不是师范院校或者英语专业毕业，甚至有些农村小学仍然存在由其他科目的教师负责英语教学的现象。这些教师在教学理论方面缺乏专业性、系统性、针对性，专业知识和理论欠缺，会导致英语教学实践的不足。比如，作为一名小学英语教师，学习和钻研教育心理学、心理发展与教育学、英语语言教学的相关理论是十分必要的。素质教育注重学生的"全人"发展，即"德、智、体、美、劳"全面发展。由此可见，学生学业成绩不再是衡量学生发展水平的唯一标准，学生身心健康发展也十分重要。因此，广西农村小学英语教师在英语教学工作中，应有意识地、主动地了解小学生学习英语的心理特征，用发展的眼光去看待每位学生，做到因材施教，在全面了解和掌握学生学习的心理特征基础上，更有针对性地开展农村小学英语教学工作。

2. 有机结合农村小学生心理特征与英语学习特点

广西农村小学一般是在三年级开设英语课，这是学习英语的起始阶段。在接触英语之前，一小部分学生可能已经通过电子资源、纸质资源看到过一些英语材料，或者是听到他人说过一些简单的英语，但是绝大部分农村小学生对待英语还是充满好奇的心理。由于英语与学生的母语存在着许多方面的不同，根据克拉申的二语习得理论，学生母语是"习得"，英语作为另一门语言是"学得"。因此，在受到母语语言系统的影响之下，小学生理解和掌握英语的语言知识和语言结构存在一定的困难。据此，农村小学英语教师要将英语学习的特点与小学生的心理特征有机结合，帮助学生逐步克服对英语学习的恐惧、厌恶心理。小学生活泼好动，喜爱趣味性强、色彩鲜艳的事物。根据皮亚杰的认知发展理论，小学三年级学生正处于具体运算阶段，思维不具备抽象性，主要以形象思维为主，需要用借助具体形象的事物来理解较为抽象的概念。小学生在学习英语语法时，常常出现不能理解和掌握语法规则的情况，无法做到在具体的交际情境中正确、得体地运用相应句型或语法。例如，在学习英语一般过去时的时候，学生难以理解英语动词一般过去式的变化形式，容易写错以 -ed 为结尾的动词过去式和不规则变化的过去式。这主要是由于英语教师在英语教学的过程中，不能很好地了解学生的认知特点，没有创设真实语境的意识。俗话说，兴趣是最好的老师。小学生的注意力专注时间不长，英语教师必须要在学生注意力专注的时刻讲解，才能突破本节课的重点和难点。

其一，英语教师可以利用丰富的教学辅助资源，比如与本节课配套的动画资源，选取合适的英语教学方法开展英语课堂教学，全方位地调动和刺激学生的感官，有效地引起学生的注意力。此举符合小学生的年龄和心理特征。

其二，英语教师还要创设轻松民主的英语课堂氛围。如前文所言，相当一部分广西农村小学生是留守儿童。由于长期缺乏来自父母的关爱和照顾，导致留守儿童性格比较敏感、自卑。这需要英语教师在课堂上多一点耐心进行引导和鼓励。比如说，一些孩子面对英语课堂发言比较害羞、紧张，用英语回答问题时容易出现卡顿、出错的情况。面对此种情境，英语教师可以稍微放慢节奏，用温柔的语气提示、引导、鼓励学生发言或纠正错误，保护心理敏感的学生，让他们感受到自己是一个能够独自回答问题的小勇士，逐渐生产学习英语的兴趣，在英语课堂上真切地感受到参与感、归属感、自豪感。

其三，英语教师不仅是教书匠，更是学生英语学习道路上的引路人。学习英语是一个长期的过程，英语教师要注重把握农村小学生学习英语的心理特征，将英语学习特点与这些心理特征结合起来，充分激发学生的学习兴趣，提升学生的英语运用能力。

（二）农村小学生英语学习的认知规律

农村小学英语教师不仅要认识和把握小学生的心理特征，还要清晰地掌握农村小学生英语学习的认知规律。皮亚杰认为，儿童认知发展阶段主要包括感知运动阶段（0～2岁）、前运算阶段（7～11岁）、具体运算阶段（7～11岁）、形式运算阶段（12～15岁）。根据皮亚杰的认知发展规律可知，小学生认知能力的发展过程呈现出阶段性的特点。广西大部分农村小学是在三年级开设英语课，在三年级，班级中的大部分学生的年龄正处于具体运算阶段。处于具体运算阶段的学生以具体形象识记为主，难以理解抽象的单词、概念等。在三年级到六年级学习英语的阶段，学生在理解和记忆课文中抽象的单词和句子时，还需依赖形象具体的教学材料、教具、实物等。在"互联网+"的大背景下，农村小学英语教师可以在网络上搜索、选择、选取、利用丰富的英语课程资源。目前，广西大部分农村小学具备一定的英语教学设备，有些农村小学基本上在每一个教学班级都配备、安装了多媒体教学设备，包括投影仪、电脑、音响等现代教学设备。因此，农村小学英语教师可以借助这些教学辅助设备优化英语教学过程。例如，在操练英语新词汇的游戏环节，英语教师可以通过播放富有节奏感的歌谣，让学生在跟唱的过程中加上一些与单词相应的肢体动作，刺激学生的感官，加强学生对新单词的认知和记忆。

在小学英语学习的过程中，学生对文本知识的认知和理解遵循由易到难、由简到繁、由近及远的规律。农村小学生学习英语需要从认识26个英文字母开始，才能掌握一些简单的单词和句子。以人教版小学英语教材（三年级起点）为例，三年级和四年级英语教材主要以插图和课文人物之间的简短对话为主，英语教材包含的话题贴近学生日常生活和人际交往，符合学生认知规律。在实际英语教学中，英语教师要遵循农村小学生的认知特点及其规律，避免出现沉默的英语课堂，否则学生将无法输出语言知识，也就很难达到提升小学生语言技能。此外，农村小学英语教学中的整体教学法强调"部分之和不等于整体"。

英语教师在英语教学过程中，不能将语言知识生硬割裂成单独部分。脱离具体语言情境学习词汇和语法，会造成学生对英语的困惑和厌烦，让学生做不到脱口而出。可见，农村小学英语教师应遵循学生的认知规律，积极创设语言情境，学生在特定主题的情境中进行语言的输入和输出活动，才能够整体理解文本和语篇的主旨大意，将所学英语知识进行迁移和记忆。所以，农村小学英语教师要具备"整体教学"的意识，如果将分解了的英语语言知识强行灌输给学生，不符合小学生英语学习的认知规律。小学生对英语语言知识进行机械背诵和记忆，掌握了英语语言知识，却并不等于具备了英语语言运用能力。

皮亚杰对儿童认知发展的特点和规律进行了深入研究。他认为儿童头脑中存在某种认知结构，即"图式"。儿童通过与外部环境的接触获取信息，图式就是整理所获取的信息，并将其归纳、再创造。图式是儿童在适应环境的过程中逐步形成的。随着儿童与环境之间相互作用逐渐增多，儿童会将新获取的信息纳入已有的图式当中，使得原有认知结构得到丰富和加强，这一过程就是"同化"。当儿童作为主体，环境作为客体，主体不能满足客体的要求时，主体就会改变头脑中已有认知图式并创造新图式，以此调整自身与环境的相互作用，满足环境需要，即"顺应"。皮亚杰认为，儿童是天生的环境探索者，他们会主动构建新知识和认知结构，并在探索环境的过程中不断地进行同化和顺应，以此达到符合环境要求的动态平衡状态。儿童在不断平衡的过程中，认知能力会得到一定的提升。

根据儿童的这些认知特点和规律，农村小学英语教师可以在农村小学英语课堂中，有针对性地设计英语教学过程和英语教学活动。广西农村小学生在学习英语的初始阶段，对英语感到十分的新奇，因为英语作为一门新的语言，大部分学生对新知识充满了求知欲和探索精神。因此，英语教师可以巧妙利用小学生好奇的心理，向学生提出合理、科学的学习要求，学生就需要对这些要求或者指令做出恰当回应，这有利于学生对单词和语法的理解。这种过程也是学生头脑中已有的认知结构通过不断同化和顺应，达到平衡的过程。学生主动地调整头脑中的图式，寻求认知结构与外部环境达到平衡的状态，对学生认知发展产生重要影响。

（三）农村小学生英语学习的记忆特点

根据《义务教育英语课程标准（2022年版）》的要求，小学生达到语言知识的二级目标时，要能够初步运用500个左右的英语单词。对于从小学三年级开始开设英语课程的农村小学来说，要让小学生理解并记忆大量的英语单词有一定的困难。这对农村小学生的词汇记忆水平和记忆量提出了很高的要求，大部分农村小学生会感到背诵和记忆单词是一项艰巨的任务。因此，农村小学英语教师要了解农村小学生的记忆特点和规律，要根据农村小学生的认知水平开展英语教学，这样才能提升农村小学生学习和记忆英语单词的水平。

根据美国心理学家洛钦斯提出的首因效应，在每节课堂开始那一段时间内，学生会对该时间段的学习内容或事件记忆最深刻。这个时间段大约为课堂开始十五分钟左右，这一段时间就称为"首因时间"。在"首因时间"内，学生注意力较为集中，不易转移注意力，大脑处于兴奋活跃的状态，有利于对新知识的学习、理解和记忆。从课堂开始十五分钟到二十五分钟左右的时间称为"低效时间"。在这个时段内，学生注意力逐渐开始分散，大脑感到疲劳，学生的课堂表现和课堂参与度会有一定程度的降低，思维活跃程度不高。因此，在本时段，学生对新知识的记忆并不牢固，学习效率比较低。从课堂开始二十五分钟到三十五分钟左右的时间称为"近因时间"。在该时段内，学生体验和经历了一些课堂活动，大脑疲惫感有所缓解，学生感到轻松愉悦，在此阶段的学习效率较高，有利于学生记忆本节课的重点和难点。

　　根据小学生记忆特点和学习规律，农村小学英语教师可以针对不同时段，设计和把握教学过程和教学节奏，结合小学生记忆特点，运用合理教学方法，如在"首因时间"内，教师可以采用与本节课话题相关的英文歌曲歌谣进行导入。通过播放欢快且节奏感强烈的英文歌谣，能够有效将小学生注意力集中在英语课堂，提升小学生学习新知识的心理期待程度。同时，节奏感强烈的曲调能够培养小学生的语音和语调，增强小学生的记忆水平。此外，农村小学英语教师还应在本阶段呈现本节课的重点知识，如重点英语词汇和句型等。首先，可以先通过听、看、说等方式，让小学生整体感知英语课文或语篇的主旨大意，融合具体语境的理解、学习和记忆，避免出现小学生"快学快忘"的现象。当课堂进入"低效时间"，农村小学英语教师要结合小学生身心发展特点以及知识难易程度，有针对性地开展小学英语教学活动。为减少小学生大脑的疲惫感，降低小学生的认知负荷，英语教师可以开展一些难度适中的课堂活动，有利于突破本节课的教学难点。在设计英语教学活动过程中，英语教师要面向全体学生，关注到班级不同学生的学习特点和需求，贯彻"因材施教"的教学理念。同时，英语课堂活动要具有趣味性，并与重点知识紧密结合，引导小学生在做中学、在游戏中学，如角色扮演、猜谜游戏、传话游戏等。在小学生学习意志和记忆水平较为低落的课堂时段，有趣的课堂活动能有效活跃课堂气氛，让小学生享受英语学习过程中的乐趣，达到提高小学生课堂记忆的目标。

　　到"近因时间"，英语教师在本环节可以设计一些有利于学生复习巩固新知的英语教学活动。这是课堂接近结束时间的时刻，由于接近下课时间，部分小学生注意力开始分散，对新知的记忆可能会出现遗忘。此时，英语教师要带领小学生回顾复习本节课的英语词汇、句型和语法等，强化小学生的学习行为。同时，英语教师也可以提升英语教材文本的内涵，提高学生的思维品质和认知水平，深化小学生对英语课本文本内容的感知和理解，加强小学生记忆的深刻性和持久性。例如，小学生在学习外研版小学英语教材五年级上册 What did you buy？一课时，英语教师可在英语教材内容回顾的环节，带领全班学生梳理、回忆课文的主线，最后引导小学生总结出：列清单是一个好习惯，能让我们记住重要的事情。这种提升文本内涵的方式能让小学生再次深化对英语语篇内容的理解，加强对有关购物的英语单词和句子的记忆。

二、农村小学英语教材选择的基本原则

根据前文调查结果显示，目前，广西部分农村使用的小学英语教材不符合当地的教学实际，无法提升农村小学英语教学水平和教育质量。在现阶段，我国小学英语的教学内容主要是教材，教材中的核心是课文以及相关学习活动，包括课文之前的准备性的学习活动、课文学习理解活动、课文学习训练活动、课文学习之后的运用活动[①]。这说明，英语教材的选择决定了小学英语教学能否正常开展，也决定了小学英语教学的效果。因此，在选择农村小学英语教材时，需要增强小学英语教材的针对性、关注小学英语教材选择的地域性、提升小学英语教材选择的实用性。

（一）增强小学英语教材选择的针对性

目前，我国发行并正在使用的小学英语教材有许多版本。在广西农村小学，大部分学校使用人教版小学英语教材（三年级起点），也有一些小学使用外研社新标准三年级起点教材。这些教材版本的选取和使用与城区小学相同。虽然这两套英语教材的内容相差不大，但是由于城区小学生和农村小学生的生活水平、生活背景、家庭条件以及教育资源等方面存在较大差异，农村小学生可能会对教材中的部分内容产生认知偏差。此外，农村基础建设、文化设施、商业中心等可供居民进行文体活动和休闲娱乐的场所较少，农村小学生在日常学习生活中很少有机会接触和体验丰富多彩

---

① 鲁子问. 小学英语教学设计 [M]. 上海：华东师范大学出版社，2019：80.

的课外英语学习资源。在小学英语教材的常见日常话题，如坐地铁、吃西餐、参观展览馆等活动，农村小学生对这些活动会感到比较陌生。但不管是人教版小学英语教材，还是外研社新标准三年级起点教材，均缺乏必要的针对性，即小学英语教材内容与广西农村小学生的生活衔接度不够融洽，也就是说小学英语教材部分内容明显缺乏生活化，换言之，农村小学生的现实生活与小学英语教材部分内容相脱节，不利于农村小学生感知和理解文本内容，无法有效激发他们将已有认知和新知识相结合，会导致机械化英语学习，这不利于农村小学生综合英语能力的培养与提升。因此，农村小学选用小学英语教材时，应该注重英语教材内容，要充分考虑农村小学生特有的认知经验、生活背景、身心发展特点等因素。因此，为提升广西农村小学英语教学质量和学生英语学习水平，需要加强广西农村小学英语教材选择的针对性。需要注意，针对性并不是指英语教材内容完全以贴近农村小学生的生活作为唯一选用标准，而是在满足学生英语学习及自我发展需求的基础上，做好英语教材的甄选工作。

（二）关注小学英语教材选择的地域性

作为我国5个民族自治区之一，广西农村经济仍比较落后。长期以来，广西农村社会经济滞后、地理位置闭塞、文化语言多元化、工作条件艰苦。因此，在农村小学英语教材选用方面，不仅要考虑到城市与农村之间的差异，同时也要注重广西农村的地域特点，使英语教材体现出地域性。

广西是一个多民族聚集的自治区，目前有59个民族自治乡，居住着11个少数民族的居民，每一个民族都拥有具备本民族特色的传统文化习俗。因此，广西农村小学英语教材的选择必须要结合多民族文化特色和文化差异，关注小学英语教材选择的地域性。目前，广西使用的小学英语教材几乎没有呈现与少数民族相关的教学内容，英语教材内容的选取和英语教材活动的设定主要是以汉族小朋友的生活背景和认知程度为基础。对于民族多元化的广西农村小学来说，这一类教材显然缺乏一定的地域性，难以满足广西民族地区的农村小学英语教学需求和小学生学习英语的需求。我们知道，广西少数民族的文化习俗丰富多彩，各具特色。正因如此，广西尤为重视少数民族的传统节日与习俗，每年农历三月初三开始，广西全体公民享有两天法定假期。三月三是一个具有壮族特色的传统节日，现已被录入国家级非物质文化遗产名录。可见，广西少数民族的传统节日氛围十分浓郁。因此，广西农村小学在选用英语教材的过程中，除考虑是否适应农村小学英语教学实际需要外，还可以结合广西少数民族小学生的生活背景和经验、认知特点和认知程度，与当地各个小学英语教研机构共同商榷，进行校本英语教材的开发。一方面，开发校本英语教材，适当加入广西农村少数民族文化元素，增强小学英语教材选用的针对性和地域性。由于广西民族地区农村或乡镇使用的民族语言以壮语为主，如条件允许，教育行政主管部门可以与教师和专家共同合作，针对广西民族地区农村地域特点，编写一套壮汉英三语教材。另一方面，可以在广西农村小学英语课实施双语教学，使农村小学英语教学内容贴近学生的认知程度和生活经验，小学生能够自然而然地融入英语课堂当中，学习的积极性和主动性得到提升。

（三）提升小学英语教材选择的实用性

为提升小学英语教材选择的实用性，更好地将教材服务于教学，提升农村小学英语教学质量，推动农村教育振兴，相关部门和英语教师应根据需要，合理选用小学英语教材，因地制宜安排设计英语教学内容，注重小学英语学习能力的培养。

1. 根据需要合理选用小学英语教材

对于广西农村小学英语教师来说，小学英语教材是开展备课、上课、教学反思等教学工作的基本工具。英语教师是使用英语教材的主体之一，实用的小学英语教材，首先要在编排方面体现出内容清晰、结构合理、目标明确、灵活度高等特点，并且英语教材内容及其开展教学的难度要适中。一般来说，由于广西农村小学英语老师人数比较少，大多数情况下，一名小学英语教师需要承担多个年级多个班的教学任务。因此，如果广西农村小学英语教材的难度过高，会降低英语教师备课和教学的积极性。但是，若英语教材的难度过低，英语教师教学水平和学生学习效果就得不到相应的提升。所以，只有难度适中的小学英语教材才能够满足广西农村小学英语教师的教学需求。可见，小学英语教材只有方便英语教师发挥其在英语教学中的引导和促进的作用，才能使英语教师更好地投入小学英语课堂的教学当中，实现自我价值。此外，小学英语教材的实用性还体现在小学英语教材配套资源的合理性和科学性上。小学英语教材丰富多样的配套资源有利于减轻农村小学英语教师的备课负担。这样，英语教师才能有更多精力投入英语课堂教学设计中，从而提高农村小学英语课堂教学效果。

2.因地制宜安排设计英语教学内容

小学英语教材的实用性是指小学英语教材设计和编写过程要充分考虑英语教材的实际应用价值，英语课文内容的取向、词汇语法的选择、练习的内容和方式、情境设置和功能项目的安排等，都要有利于小学英语教学总体目标的实现，有利于满足小学英语教师和小学生的需求。《义务教育英语课程标准（2022年版）》指出，编写小学英语教材要坚持思想性原则，要具有真实性，保证英语教材的适用性和实用性。小学英语教材是否具有实用性，是否满足小学英语教师与小学生的需要，是决定小学英语教材质量好坏的重要指标之一。

如前文所言，小学英语教材的编写和选择都要考虑到城乡差异、地区差异，以及学生个体的差异。广西农村小学英语教材使用的主体是教师和学生，因此一套英语教材是否具备实用性，主要可从两个不同使用者的角度进行分析。对于农村小学生来说，英语教材要符合广西农村的地域特点、生活环境以及生活经验，尽可能地满足农村小学生的英语学习需求。这些需求包括哪些内容呢？对此，《义务教育英语课程标准（2022年版）》明确指出，在小学阶段应掌握的语言知识包括语音、词汇、语法、语篇和语用知识。学生英语语言技能的发展和提升，要以学生对英语语言知识的掌握程度为基础。因此，小学英语教材应当为小学生提供大量英语语言材料，循序渐进地增加小学生英语语言输入，这样小学生才能有效地输出，才能够满足小学生个人英语学习发展的需求。《义务教育英语课程标准（2022年版）》指出，语言技能包括听、说、读、写等方面的技能及其综合运用，其中，听、读是理解性技能，说、写是表达性技能。广西农村小学生的生活背景和经验相对单一，英语学习基础较弱。因此，为培养和提高农村小学生英语综合语言运用能力，满足小学生英语学习需要，小学英语教材要有针对性地提供大量的听力材料、直观丰富的插图，便于小学生输入大量的英语语言材料。这样才能促进理解性技能和表达性技能在英语学习的过程中相辅相成、相互促进。因此，小学英语教材能否注重相关英语语言技能的协调发展，直接影响小学生英语语言运用能力的提升。

3.注重小学生英语学习能力的培养

小学生在使用小学英语教材过程中，逐步形成英语学习策略，教材里面简洁明了的标题也有助于小学生自主进行英语学习，降低小学生对英语教材的认知负荷，为学生终身学习英语奠定基础。此外，小学英语教材版面设计的宗旨就是向学生传达更多信息，保证农村小学生学习英语的兴趣，这一点也体现了小学英语教材的实用性。同时，小学英语教材的插图对于农村小学生学习英语来说十分重要。小学英语教材插图能够对课文的文字做补充说明，让小学生能在形象生动的图片帮助下，更容易地掌握英语语言知识。根据皮亚杰的认知发展阶段理论，小学生的思维方式主要以形象思维为主，思维不具有抽象性，在理解较为抽象的单词或句子时，英语教师可以借助直观的实物，或者运用情境教学法等，让小学生理解并掌握其含义，在感知、体验、积累、运用英语语言实践过程中，发展英语综合语言运用能力。

第三节　广西农村小学英语教材使用的基本方法

在乡村振兴背景下，我国农村教育质量受到社会各界的广泛关注。相较于发达城市，广西农村小学教育质量有待提高，尤其是小学英语方面。小学英语教材是英语教师开展教学工作的重要工具，为提升农村小学英语教师运用教材的水平，促进农村小学生对英语教材内容的理解，英语教师应在使用英语教材的过程中，整合英语教材教学内容、调整英语教材单元顺序、丰富小学英语教材教学活动。

一、整合小学英语教材的教学内容

《义务教育英语课程标准（2022年版）》对小学英语教学提出如下要求：

英语教师要强化素养立意，围绕单元主题实施单元整体教学。由此可见，新课标强调单元整体教学的重要性，要求英语教师要基于小学生认知水平和已有经验，对小学英语教材单元内容进行合理调整和整合，突出英语教材内容的育人功能。小学英语教材整合是指英语教师在使用小学英语教材过程中，以《义务教育英语课程标准（2022年版）》为依据，结合学生和实际教学的需求，运用增加、删除、更换、调整顺序及整合内容等多个策略，对小学英语教材内容进行优化处理的过程。所以，具备基本的英语教材整合能力是现代小学英语教师的必备技能。

在新课改背景下，许多广西农村小学英语教师正在尝试走出单一固化的教学模式，打破传统英语课堂，按照单元教学板块呈现顺序，根据小学生的认知特点和英语基础，创造性地对小学英语教材内容进行整合，以期达成更佳的教学效果。但是，在广西实际农村小学英语课堂中，部分英语教师在单元整体教学引领下，英语教材整合仍存在一些不足之处，即忽略了农村小学生的实际学习特点和英语基础，仅仅是为整合而整合，内容之间缺乏连贯性和科学性，不利于农村小学生思维品质的发展。为此，广西农村小学英语教材整合应遵循以下原则。

（一）实践性

小学英语教材中的许多知识点对农村小学生而言比较陌生，与城市小学生相比，农村小学生日常学习和生活经验并没有那么丰富多彩，因此对于小学英语教材语篇理解存在一定困难。在实际农村小学英语教学中，英语教师可为小学生提供形式各样的语言实践活动，在有意义的语言环境中，练习使用英语语言知识，提升小学生运用英语语言的能力。

（二）启发性

新课程倡导建设性学习，注重培养小学生自主探究意识和能力，关注小学生体验语言知识学习的过程，提倡师生间及生生间的交流与合作、自主创新学习。可见，农村小学英语需要整合英语教材，多方面启发小学生思维，用丰富的语言输入拓宽小学生的视野和知识面，帮助他们树立正确的世界观、人生观、价值观以及积极的情感态度。

（三）针对性

小学生是英语学习的主体。因此，所有英语教学活动的设计都应遵循针对性的原则。为此，小学英语教材整合就要优化小学英语教材，使其更贴近农村小学生的生活实际，帮助他们更容易理解、掌握新的英语知识。但是相同环境下的小学生之间也存在一定差异性，他们的英语基础、认知能力、生活体验都因人而异。所以，农村小学英语教师在整合英语教材时，要有分层意识，如分层设计英语课堂活动、分层布置作业等，全方位考虑到不同层次学生的英语学习需求。

二、调整小学英语教材的单元顺序

英语学科核心素养是什么？对此，《普通高中英语课程标准（2017年版）》将英语学科核心素养界定为："学科核心素养是学科育人价值的集中体现，是学生通过学科学习而逐步形成的正确价值观念、必备品格和关键能力。英语学科核心素养主要包括语言能力、文化意识、思维品质和学习能力。"从《义务教育英语课程标准（2022年版）》赋予小学英语的教学任务来看，《普通高中英语课程标准（2017年版）》所界定的英语核心素养，也适用于小学英语课程，能引发一线小学英语教师反思自身英语教学工作。

（一）抓好英语学科核心素养培养

由前面分析可见，培养广西农村小学生英语学科核心素养，正是实现农村小学英语教学的目标。教学实践表明，小学英语课堂教学是实现农村小学生英语学科核心素养培养目标的主要途径，英语教材则是开展农村小学英语课堂教学活动的物质基础。因此，农村小学英语教师要了解英语学科核心素养的内涵，深入分析小学英语教材，设计单元整体教学，依托单元主题，适当地调整小学英语教材中的单元顺序。人教版小学英语教材将对话放在每个单元的第一课时。据此，农村小学英语教师完全可以根据英语教学实际需要，先教授对话中出现的单词或句子，再整体导入对话。但英语教师在教英语单词或句子时，不要脱离语境，以免小学生碎片化学习，由此导致英语教学效果不佳。因此，农村小学英语教师需要综合考虑"主题""语篇""语言知识""语言技能""文化知识"和"学习策略"等六要素，重组小学英语教材。若单元之间的英语语言知识、英语语言功能、英语语法项目、相关话题相似，则可将这些内容调整到一起进行教学。

（二）遵循英语语言学习一般规律

农村小学英语教师应当在充分考虑英语教学目标的情况下，在尊重小学生现有认知能力的基础上，遵循英语语言学习规律，对同一单元内课本提供的教学活动前后顺序进行调换，对不同文本内容和活动进行整合，以最优化的教学文本应用于课堂，使小学生能够更轻松、有效地将新知识融于自己的英语语言认知体系，更自如地表达思想。可见，农村小学英语教师既可结合小学生真实生活和兴趣，设置一些课堂活动，又可根据活动情境设置需要，调整单元之间的教学顺序。例如，在学习外研社新标准三年级起点教材的 Module 2 Unit1 What did you buy？这个单元时，英语教师可不完全按照教材语篇内容的呈现顺序进行教学。可先给学生抛出两个问题："Ms Smart 想要买什么？Mr Smart 和 Amy 去超市之后买了什么？"再引导小学生在观看动画视频的过程中，捕捉两个问题的答案。这就表明，英语教师可不按照事件的主线顺序进行教学，而是巧妙利用语篇开头和结尾，引发小学生的疑惑，即到底是什么原因导致他们买错了东西，随后再对语篇中间环节展开教学，让小学生整体感知语篇主题，从而培养学生的逻辑思维。

（三）合理整合小学英语教材内容

由前面分析可见，要落实小学英语学科核心素养培养的任务，就必须要依托小学英语教材。那么，农村小学英语教师该如何整合小学英语教材内容？对此，我们认为，小学英语学科核心素养的要素可以在整合单元内容时，对小学英语教材文本内容进行增、改、替、换，显性地内嵌于文本之中，也可以在英语课堂交流、讨论隐形嵌入课堂活动中。换言之，在日常英语课堂教学中，小学英语教师要善于挖掘特定主题所承载的文化意识、思维品质等关键点，逐步培养小学生的英语学科核心素养。

综上分析可见，英语学科核心素养概念的提出给小学英语教学带来了一系列的变化，既包括理念层面的英语教学本质和价值的变化，又包括操作层面的英语教学方法和教学技巧的变化。作为小学英语学科核心素养培养的基本单位，单元整体教学势必会注入新内容。这就要求一线小学英语教师要及时更新教育教学理念，调整教学方式，优化教学内容，将英语学科核心素养落到实处。

三、丰富小学英语教材的教学活动

小学英语教材包含丰富的教学活动，能够为教师提供教学设计的参考。但是，部分教学单元中的教学活动过于单一，不能满足学生英语学习的需要，无法有效地锻炼和提升学生的语言运用能力。因此，农村小学英语教师应根据课程标准，合理设计英语课堂教学内容、采取合适教学方式，激发学生学习英语的动力，注重培养小学生学习英语的兴趣与积极性。

（一）根据课程标准合理设计英语课堂教学内容

《义务教育英语课程标准（2022年版）》明确指出，义务教育阶段英语课程总目标是发展学生的语言能力、培育文化意识、提升思维品质、提高学习能力。因此，英语学习不仅是学习语言知识的输入和掌握，还需要注重培养学生的非智力因素，才能更好地达成总体目标。为此，小学英语教材必须要以课程标准作为编写依据，结合小学生的身心发展特点，在小学英语教材每个教学单元、每个课时之后，均设置相应教学活动。从活动的实施目标来看，小学英语教材中的教学活动主要包括语言能力发展活动、文化意识发展活动、思维品质发展活动、学习能力发展活动、综合实践活动。因此，小学英语教学活动设计的合理性、开展的过程有效性、活动评价的恰当性等，都会对小学生的心智发展产生直接影响。在广西农村小学英语课堂教学中，受到各方面因素制约，如部分英语教师运用教材的能力较为薄弱、组织教学活动能力欠缺、对学生的认知发展水平和特征了解不够充分等，由此阻碍农村小学生英语语言能力的和语言知识的理解、掌握、运用、发展。因此，广西农村小学英语教师在上课前需要对英语教材内容进行深入分析和处理，采取合适的教学方法和教学策略，丰富英语的教学活动，活跃英语课堂氛围。在轻松有趣的学习环境和积极心理状态的烘托下，能够有效地促进小学生英语语言思维和能力的发展，增强小学生英语学习的信心和动力。

（二）采取合适教学方式激发学生英语学习动力

为贯彻和落实《义务教育英语课程标准（2022 年版）》的要求，广西农村小学英语教师面临着更大挑战，即英语教师要采取合适的教学方式来激发学生的学习动力，以推动小学生素质教育的发展。兴趣是最好的老师；兴趣的产生，最开始离不开事物本身的趣味性。因此，在广西农村小学英语课堂教学中，生动、形象、有趣味的课程设计，才能带来有效的英语课堂教学，才能让农村小学生在快乐、有趣的学习氛围中学习英语。教学实践表明，小学生在有趣的英语课堂中学习英语知识与技能，无疑会事半功倍，大大促进小学生去学好英语。

（三）注重培养小学生学习英语的兴趣与积极性

根据克拉申情感过滤假设，英语教师在小学英语活动教学实施过程中，必须关注小学生个体发展的需要，要注重培养小学生学习英语的兴趣与积极性。英语教师营造轻松愉悦的活动环境，创设形式多样且有趣的课堂活动，不仅有利于满足不同学生的心理与智力发展需要，也有利于调动小学生学习英语的积极性与热情，从而激发小学生英语学习成就感的兴趣，使小学生更好地投入下一轮的英语学习过程中。由此可见，基于小学生心理特点和认知程度，英语教师要对小学英语教材中的教学活动做出适当补充，使得英语课堂生动活泼。小学英语教材中常见教学活动包括唱歌谣、角色扮演、听录音写单词等。如果教师完全依照各单元教学活动的编排顺序开展英语教学，英语课堂必将枯燥乏味，将无法满足小学生个体发展的需求。因此，广西农村小学英语教师可以通过观看优秀的小学英语教学案例，查阅小学英语课堂教学理论的书籍，进行英语教学反思，等等，对小学英语教学活动进行新的构思和设计，如在带领小学生一起唱教材中的歌谣时，可以采用全身反应（total physical response，TPR）教学法，使小学生自然地融入英语课堂当中。实践证明，这种方式记忆英语单词或句型是十分有效的。除此之外，农村小学英语教师还可以利用丰富的网络资源，搜集与单元主题相关的素材，并将这些素材运用到英语教学中，如在学习以购物为主题的课文时，英语教师可在网上搜集购物相关的图片和音频素材，在巩固提升环节设计一个模拟购物的游戏；英语教师还可以将相关的实物带进课堂，提升交际语言发生情境的真实性和趣味性。

诚然，广西农村小学英语课堂教学活动达到预定英语教学目标的重要条件，就是在进行小学英语课堂教学活动设计时，英语教师要反复斟酌小学生的生活环境、生活经验、学习兴趣和英语水平，努力调整教学方式，合理取舍教学内容，力求满足不同类型和不同层次学生的需求。这样才能让每个小学生在学习英语过程中感受成功的喜悦，从而形成积极的英语学习态度。由此可见，农村小学英语教师要站在小学生的立场，从农村小学生的角度去思考和观察，才能更好激发他们学习英语的兴趣，才能提升农村小学英语课堂的教学效果。可见，实施小学英语有效教学及提高农村小学英语课堂的教学效果，是实现小学英语教学目标，提升小学英语教学质量的重要途径。教学活动的有效性则是提升小学英语课堂效果必不可少的部分。但是，凡事过犹不及，有些农村小学英语教师重形式轻过程，即这一部分教师过于注重英语课堂活动的表现形式，热衷于设计丰富多样的教学活动，但实际上对于小学生的综合语言运用能力的提升没有起到作用，只是为了活跃课堂气氛而设计教学活动，活动与教学内容之间没有太多关联，对小学生语言技能的提升没有太多帮助。这种小学英语课堂教学倾向是不可取的。

纵观上述分析，本章探讨如何合理选用适合广西农村小学英语教学实际的教材。对此，一方面，要选择符合广西农村小学生实际情况的英语教材；另一方面，要根据广西农村小学生的认知特点使用英语教材。

在选择小学英语教材方面，相关部门和英语教师首先要了解广西农村小学生英语学习的实际情况，通过分析广西农村小学生的生活及教育环境、英语学习的现状以及现行小学英语教材使用的情况，选择符合广西农村小学生实际情况的英语教材，这样才能满足小学生英语学习需要。其次，要合理选取广西农村小学适用的英语教材，主要从农村小学英语教材的编排特点、文化内容、教材插图进行深入分析。最后，选择适合广西农村小学英语教学实际需要的教材。

在使用小学英语教材方面，英语教师要立足小学生认知特点，根据小学生认知和心理发展特征开展小学英语教学活动，灵活地使用英语教材。

在选择农村小学英语教材时，必须要考虑小学英语教材的针对性、地域性和实用性。在使用小学英语教材开展教学活动的过程中，英语教师要整合小学英语教材的教学内容，根据教学需要调整教学单元的顺序，对英语教材的内容进行适当补充，以此丰富小学英语教学活动。

总之，在选取适合广西农村小学英语教学实际需要的教材时，相关部门和农村小学英语教师必须要以小学生为中心，从多个角度出发，为农村小学生的英语学习和成长考虑，为有效促进广西农村小学教育事业的振兴考虑。

第五章　切实有效提升广西农村小学英语的课堂教学质量

　　由第二章的分析可见，当前广西农村小学英语教学质量并不如人意。因此，在乡村振兴背景下，切实有效提升广西农村小学英语的课堂教学质量刻不容缓。为此，要深入思考广西农村小学英语写作教学、词汇教学、口语教学、阅读教学现状及存在哪些问题，并分析这些问题产生的根源，从而有针对性地就提升广西农村小学英语词汇教学、词汇教学、口语教学、阅读教学提出相应的对策。

第一节　提升广西农村小学英语词汇教学质量的举措

　　根据前文调查结果可见，目前广西农村小学英语词汇教学存在着许多问题。鉴于此，在乡村振兴背景下，探究广西农村小学英语词汇教学存在的问题，创新农村小学英语词汇教学，增加词汇教学的趣味性，提高词汇教学效率，解决广西农村小学英语词汇教学中存在的问题，提升农村小学英语词汇教学质量，就显得尤为重要。

一、当下农村小学英语词汇教学现状分析

　　词汇教学是英语教学的重要组成部分，小学英语教学中，词汇教学是必不可少的一个重要环节，同时也是一个比较枯燥的，令学生头痛、教师

棘手的教学活动。目前，广西农村小学英语教学中还存在着英语词汇教学方法单一、学生对词汇学习缺少兴趣和信心等问题。

（一）小学教师英语词汇教学方法单一

农村小学英语词汇教学理念落后。原因之一是农村小学英语教师整体素质不高。由于广西农村地理位置较为偏远，信息相对闭塞，且经济较为落后，难以吸引专业性强、经验丰富和高学历的优秀教师，甚至有些其他科目的教师兼任英语课教师，这导致广西农村小学英语教师词汇教学质量不高。根据前文调查结果可知，广西农村小学经费有限、信息闭塞，英语教师难有机会进行校外的培训，学习先进的英语教学理念和优秀教师的英语教学方式，这导致英语教师的视野比较狭窄，英语教师教学理念也较为落后。

除受大环境限制外，由于受应试教育影响以及广西农村小学英语教育资源的限制，大部分英语教师认为学习英语词汇就是要背单词。因此，在英语教学时就把大部分时间放在反复教读、抄写、默写和做题目上，往往忽略了英语单词的语用意义，而仅仅要求小学生掌握英语单词。这种缺乏趣味性和语境的英语教学，不符合小学生的认知特点，给小学生学习英语增加难度，学生渐渐会丧失对英语写作的热情和兴趣。此外，一部分农村小学英语教师只教英语单词，就是为了应付考试，导致小学生辛辛苦苦学到"张不开嘴的"英语，阻碍小学生今后英语听说读写能力的提升甚至导致不少农村小学生不知道为什么在小学阶段要学英语。

此外，许多农村小学英语教师会将词汇操练单独列出来，割裂了英语教学中"听、说、读、写"四项技能的关系。这使得英语知识变得零碎松散，英语教师只教会了学生"死知识"，造成了技能之间的隔离，导致学生无法真正掌握英语词汇，缺乏学以致用的能力，不利于学生学科核心素养的培育。

（二）学生对词汇学习缺少兴趣和信心

英语是一门语言类学科，且非母语，想要学好这门科目，就必须坚持长期学习与积累。这需要学生对英语学习保持兴趣和学习信心，才能够持之以恒。然而，由于农村小学生活泼好动以及英语基础薄弱，大多数农村小学生对英语词汇学习缺少兴趣和信心。

　　一方面，大部分农村小学生性格都比较活泼好动，无法做到一节课都集中注意力，英语学习效率较低。同时，农村家长无法在家为孩子提供学习英语的环境，小学生中能利用英语课堂上的时间大量地学习英语词汇、句型、语篇。接触英语的时间短，学习内容多，导致小学生为应付考试而机械地读抄写背诵英语单词，此举收效甚微。这使农村小学生对英语词汇学习产生厌倦心理，降低其对英语学习的兴趣。另一方面，对于广西农村小学生而言，往往由于其自身和外部种种因素，导致其英语学习缺乏积累与练习，由此而出现英语词汇量不足的情况，尤其是农村小学生长期身处汉语环境，缺乏英语的思维逻辑。长此以往，部分农村小学生学习英语单词的兴趣逐渐降低，挫败感却在增强。所以，这部分农村小学生就把英语当作是一门可学可不学的科目。

二、词汇教学在小学英语教学的重要地位

　　词汇是语言组成的基本单位。掌握英语词汇量的多少，直接影响着英语听说读写能力的提升，毕竟这些英语技能都要靠英语词汇来支撑。可见，英语词汇教学在英语教学中占有举足轻重的地位。《义务教育英语课程标准（2022版）》要求3~4年级的学生需要达到一级技能，能够感知英语单词、短语，能识别有关个人、家庭等熟悉事物的英语单词和短语；5~6年级的学生要求达到二级目标，能理解常见英语词语的意思，在听说读中玩演小故事[①]。这些要求表明，英语词汇教学在小学英语教学中具有重要的地位。

三、创新教学增词汇趣味性提高词汇教学效率

　　如何创新英语词汇教学，增加英语词汇教学趣味性，提高英语词汇教学效率，将枯燥英语词汇教学变得生动活泼、有趣味、有意义，是需要小学英语教师积极思考、勤奋实践的内容。笔者结合乡村振兴背景和广西农村小学英语教育的实际情况，归纳总结出三条有效的小学英语词汇教学措

---

① 中华人民共和国教育部. 义务教育英语课程标准：2022年版 [S]. 北京：北京师范大学出版社，2022.

施，即在语用活动中组织英语词汇教学、别出心裁创新英语词汇教学形式、充分利用好自然拼读教学法。

（一）在语用活动中组织词汇教学

英语词汇学习是学习英语的基础，直接影响英语听说读写能力的提升。因此，在开展英语词汇教学时，农村小学英语教师要把听说读写教学有机结合起来。让农村小学生在运用英语时，理解英语词汇的含义，把握英语词汇使用的语境，深化英语知识结构，提升英语技能，形成英语思维。

1.结合英语教材创设情境

现行小学英语教材图文并茂，为农村小学英语教学提供了情境。因此，广西农村小学教师需要利用好这些资源，给农村小学英语教学提供情境，让小学生在情境中学好英语。以人教版五年级下册 Unit 2 My favorite season B Let's learn 为例，该课要求学生掌握 go on a picnic、go swimming、pick apples、make a snowman 以及 Which season do you like best？在上这节课时，英语教师可以创设情境，通过两人聊天的方式来呈现操练英语词汇，通过两人问答来增加学生使用英语的机会。因为只有学以致用，通过用英语来表达自己喜欢某个季节的原因，学生才会获得英语学习的成就感，这样才能对英语单词短语的学习留下深刻的记忆。

2.运用文本进行词汇教学

众所周知，英语语篇是由一个个英语词汇构成的。因此，农村小学英语教师在英语教学中，要充分利用课本的语篇开展英语词汇教学。这是因为语篇环境使得某个英语词汇和整篇文章融为一体，小学生通过上下文，就可以猜测出英语词汇的含义，小学生能够由被动学习英语词汇变为主动思考，充分发挥小学生学习英语词汇的主观能动性，如在人教版六年级上册在第二单元 Read and Write 出现了 The GPS doesn't work。尽管小学生在五年级时学习了单词 work，知道中文意思是"工作"，但是在这里如果翻译为"GPS 不工作"显然是不对的。由于小学生阅读文章后，会知道文章讲的是课文主人公和好友因为不懂如何去餐馆而进行问路，从而可以猜出导航是不起作用了，就可以猜出 work 在文中的意思是"起作用"。所以，在农村小学英语教学中，英语教师要多思考，思考如何引导和培养学生的猜词能力，让学生在英语阅读中学英语新词。此外，英语教师还要鼓励小学生多看英语读物。这是因为英语阅读可以让已学词汇在学生眼前不断复现，从而巩固所学英语单词，也可以积累一些新词，扩大英语词汇量。

（二）别出心裁创新词汇教学形式

为完成英语教学任务，让小学生应付考试，农村小学英语教师大都采用传统的记忆教授法。这种教学法能让小学生在短时间内记住英语单词的读音和意思，但是很快就会遗忘，基本是学了后面，就忘了前面，不利于小学生牢固地记忆单词和运用词汇，英语学习的积极性也会被机械的背诵活动打击，对英语的情感也由喜爱变成淡漠。教学实践表明，英语教师切不可让小学生失去学习英语的热情，而要激发他们学习英语的兴趣，让他们对英语学习产生持久的动力。因此，英语教师必须要优化英语词汇教学方式，比如采用游戏教学法、直观法、情境交际法、任务合作型等教学方法。

1. 游戏教学法

使用游戏教学法可以吸引小学生的注意力，特别是三四年级的小学生特别喜欢游戏，因为游戏可以把枯燥无聊的英语词汇课变成有趣的课堂，小学生在玩中学、学中玩，这样学生就会自动地参与英语课堂。每个教学环节都可以运用此法，如游戏导入，通过游戏呈现新英语单词和利用游戏进行操练巩固。但是，在使用游戏活动时，英语教师务必要精选适合的游戏，让游戏为小学英语词汇教学服务，而不是追求盲目的娱乐。

在热身环节中，大多数农村小学英语教师都是采用集体朗读重点词汇的方式。这种方式看似让小学生高效地复习英语词汇，但是如果每节课都只是机械化地读书，就毫无新意，小学生英语学习的积极性就得不到调动，甚至游离于英语课堂之外。尽管农村小学英语教师可以采用图片、视频、歌曲、对话等进行课堂导入，但教学实践表明，利用游戏导入更能吸引小学生的注意力，激发学习英语兴趣，消除学生的紧张感，如在上人教版四年级上册的动物单词这节课时，在导入环节，让学生玩打地鼠游戏，对于能看单词或者图片说出已学的动物单词的学生，英语教师可让他们打地鼠，分组比赛。如此一来就可以让学生尽快参与英语课堂，调动已有知识储备。

游戏可用在农村小学英语课堂巩固训练环节。广西农村小学生的生理和心理都还不够成熟，性格比较活泼好动，注意力集中的时间不够长，很难聚精会神地学习 40 分钟，一般最多坚持 10 分钟。因此，如果英语教师一直单调地教授英语词汇，小学生就会出现疲惫，即使是自制力较强的学生也会渐渐对英语学习失去兴趣。如果在认真学单词时穿插一两个小游戏，小学生就可以在放松的状态下继续学习英语，还提高了英语学习效率，可以瞬间增加小学生对英语学习的热情。在这个环节，英语教师可以使用击鼓传花、123 木头人、开火车、抢读单词、萝卜蹲等小游戏，如在教授 bathroom 和 bedroom 这两个相似的单词之后，英语教师可以拿出单词卡片，让学生看单词卡快速读，直接邀请学生玩剪刀石头布游戏。具体而言就是，两个学生猜拳，其他的学生重复读 bathroom 或 bedroom，直到分出胜负，赢的学生可以直接加分，输的学生则需要读单词。虽然还是读单词，可这样一个游戏却能成功调动小学生的积极性，在学生注意力都集中时，英语教师就可以趁机教学生通过发音区分这两个单词。可见，这样一个游戏就可以帮助英语教师突破本节课的难点。

　　游戏还可以用在农村小学英语课堂复习课中。农村小学英语教师往往会只考虑到学生成绩和英语课时少的问题，而忽略了小学生是具有主观能动性的个体。很多农村小学英语老师布置课后作业，不是读背，就是做练习作业，课堂上就是讲评习题，讲答题技巧。似乎学英语就是为了考试，小学生学英语既焦虑又索然无味，英语教师也处于焦虑的状态。期末考试前，不少小学生便出现了厌学现象，教师则是恨铁不成钢。目前，不少农村小学仍然以分数检测学生的英语学习成果。对此，教师也无可奈何。为了改变紧张而对立的师生关系，农村小学英语教师在归纳总结各个单元的单词和核心句型时，可以加入一些简单的小游戏，使得枯燥、容量大的英语课堂变得轻松。小学生可以通过游戏缓解考前的紧张情绪，更重要的是游戏为学生提供了自然实践语言的机会，语言知识得到巩固。这样就可以减轻英语教师的负担，让小学生轻松学习英语，英语课堂教学目标就可以顺利完成。在复习人教版六年级下册 Recycle one 的动词短语过去式的时候，如果只是让学生机械地抄读默写，学生学习英语的热情很可能被浇灭。但是如果用多媒体做出课件，让学生玩打地鼠游戏，只有正确拼写动词过去式短语并且说出正确的中文意思，才可以点击，采取一对一方式。在这样一个小游戏的驱动下，为了赢得比赛，小学生就会认真记单词。

上述分析表明，游戏可以调动农村小学英语课堂氛围，可以集中小学生的注意了，提高英语教学效率，但在英语教学中要注意游戏的必要性和有效性。在小学阶段，一节英语课只有40分钟，每个教学活动都要有明确的目标，游戏也不例外，游戏是为英语教学目标服务的，是为了更好地实现英语教学目标。如常用的击鼓传花游戏，不仅调动小学生英语学习的积极性，还给小学生说英语的机会。又如"猜哪个单词失踪了"（Missing Game）则是为了训练小学生的观察力和语速，刺激小学生快速记忆单词。总之，农村小学英语教师善于利用游戏，就可以让小学英语课堂更具趣味性，让小学生乐于学英语，让英语教师轻松教英语。

2. 任务型教学

任务型教学就是以具体的任务为学习动力或动机，以完成任务的过程为学习过程，以展示任务成果的方式（而不是以测试的分数）来体现教学的成效。有了任务驱动，学生便可以在具体的任务中和同伴自主地学习使用语言。通过"做中学，学中做"，培养其语言表达、交流以及时间创新能力。学生的主体地位得到充分体现，也增加了使用英语的机会，使英语学得更自然，语言能力也得到提高。

在使用任务型教学法时，英语教师应该要明确教学目的，精心设计任务，做到灵活开放和有实效，如在人教版四年级上册第四单元学习 bedroom、bathroom、living room 等核心词汇时，在这节词汇的巩固环节，英语教师就可以设计一个小组合作完成的任务，即让小组讨论设计一个理想的家（dream home）。小学生在设计的过程中，通过合作用英语交流创新地完成了任务。小学生不仅巩固了英语词汇，还真正拥有使用英语进行交流的机会，其英语交际能力也得到提升。

3. 直观教学法

直观教学法主要是通过实物、图片、手势、动作、表情等，使小学生直接明确英语单词的含义，立刻建立起相关的思维模式，有助于记忆。这是英语课堂教学中最常用的一种教学手段①。直观教学符合小学生形象思维

---

① 沈明. 小学英语词汇教学存在的问题及其解决策略 [J]. 基础教育研究，2021（16）：59-60.

占优势的学习特点，有利于学生对英语单词建立清晰的概念。

直观教学法主要用在教授实物类英语单词，如我们生活中常见的文具类、水果类和蔬菜类的英语单词等。在教授文具类时，英语教师可以提前准备好物品，在单词讲解环节，就可以直接拿出一把尺子，问学生"What's this？"，自然引出 ruler。教学生句子"It's a ruler."英语教师再用同样的方式呈现单词 pencil、eraser 等。这样，小学生对这些英语单词的印象会非常深刻。

对于那些不那么容易拿到的实物，或者用物品无法表达的词汇，可以用展示图片的方式来呈现新单词，如在教授四季时，就可以用图片来展示四个季节的不同景色来表示春夏秋冬。学生在感受四季之美时，英语教师可以趁机用"Which season is it？"提问，自然引出 spring、summer、autumn 和 winter。此外，还可以通过肢体语言如手势动作来让学生理解英语新词，手势动作非常有助于英语动词的教学，如在学 jump、walk、play basketball 等英语词汇时，英语教师做动作让学生猜，或者一个学生说一个学生做，边做边说，学生便可以很快就记住单词。

（三）充分利用好自然拼读教学法

随着英语教学普及以及中西方文化的不断相互碰撞，现行小学英语教材比以往增加了不少的内容和单词。这就意味着英语教师要在有限的课堂内教授更多单词，而学生也要掌握大量词汇。农村小学生接触外界的机会较少，只有英语教材和练习册。不少农村小学生对于英语教材呈现的英语单词，只能采用机械记忆的方法，结果就是他们记了单词又忘，忘了再记。这无疑加重了农村小学生学习英语的负担，很多农村小学英语教师也毫无办法，只有让小学生多读多记。甚至能有一些学生在单词旁边写上谐音，例如 tree 会标注成"曲"，nice 标注成"奶思"。虽然这样做可以让学生记住单词的读音，但是发音不够标准，注谐音的方式，不利于农村小孩子英语语言技能的提高。

现在流行用自然拼读法帮助农村小学生有意义地记单词。自然拼读法可以帮助学生提高拼读技能，快速记忆单词。自然拼读法是指学生在学习26 个英语字母时，除了要掌握这些字母的发音，还要了解单词里的字母组合发音规律，并且能根据规律拼读和拼写出单词。例如，单词 bird，使用人教版的学生在三年级上册时已经学过了，在四年级下册学习单词 first 的时候，学生就可以了解和感受到字母组合 ir 的发音是 /ɜ:/，很自然地拼读出 /fɜ:st/。如果不利用已有发音基础来学习单词，学生只能机械地念单词，可能一下课或者第二天都已经忘了单词的读音。而令学生更头痛的问题是默写单词，学生一个个字母地背，非常浪费时间，还容易记错或者混淆。但是利用自然拼读法 /fɜ:st/，只要记住 /ir/ 的发音，用已有的知识储备，就可以举一反三，比较容易地拼读出 first、birthday、third、skirt 等。又如，学生记得 water 中字母组合 er 发音是 /ə/，便可以轻松地拼读出 taller、sister 等单词。可见，利用英语发音规律，小学生也能快速记住英语单词的拼写，且通过这种有意义地背诵单词的方法可以降低遗忘的概率。总的说来，自然拼读法不仅可以让学生更好地记住单词的音形，提高学生学习英语的效率，提升学生自信心，还能更好地激发学生学习英语的兴趣。

为了能让农村小学生更好地利用自然拼读法学习单词，笔者认为，广西农村小学英语教师可以采用以下几点策略。

1. 教师自身应学习并具备一定的英语语音知识

根据前文调查结果显示，大部分农村小学教师是非英语专业的年轻教师。这说明，教师英语语音知识是欠缺的，但年轻教师具有活力，学习能力也强。年轻教师唯有先掌握 26 个字母的发音和 44 个字母组合的发音，才能把拼读知识教给学生。现在网络资源丰富，英语教师可以甄选网上的视频学习，还可以购买关于自然拼读方面的书籍。此外，英语教师也要有效地利用小学英语教材资源，像人教版小学英语教材，从三年级到五年级，每个单元的 Let's spell 都有语音知识。农村小学英语教师就要认真学习这些内容，先形成自己的语音知识体系，才能引导学生学习拼读法，获得拼读技能。

2. 引导学生掌握并应用自然拼读法和拼写单词

关于农村小学英语教师的课时，前文中调查问卷的结果显示，一周只有 2~3 节英语课，但英语教学内容多课时较紧张。对此，英语教师就可以在英语课堂上渗透字母的发音和单词中字母组合的发音，让学生学以致用。例如，在教授单词 bed 时，先让学生读单词 egg 和 leg，感受字母 e 的发音，知道字母 e 的发音是 /e/，接着逐步拆分拼读，由浅入深，慢慢地拼读，就像学习拼音一样，读出单词 bed。最后再和学生重复拼读，这样学生就可以记住 bed 的拼写。利用逐步拼读的方法教授词汇，学生在课堂上就能真正地理解了单词的发音，掌握单词的拼写。

　　3. 英语教师合理设计有趣味性的英语课堂活动

　　小学生活泼好动，课堂上注意力的稳定性较差。因此，农村小学生需要大量的机械操练才能理解并运用拼读拼写知识，才能获得技能。对比，农村小学英语教师应精心设计充满趣味的课堂活动，如唱歌、说唱、绕口令比赛等，都可以应用到英语拼读教学上来，让学生在轻松的英语课堂中做到"玩中唱，唱中念"。

第二节　提升广西农村小学英语听力教学质量的举措

　　听力是语言学习的起步和前提，英语学习也不例外。在广西农村小学英语教学中，训练学生英语听力尤其重要。当前，广西农村小学生英语听力的水平普遍比较差，对听力训练缺乏兴趣、技巧。为此，要分析广西农村小学英语听力教学中出现的问题，充分利用现代信息技术，助力提升农村小学英语听力教学。

　　对广西农村小学来说，教育既承载着传播知识、塑造文明乡风的功能，更为农村建设提供了人才支撑，在乡村振兴中具有不可替代的基础性作用。当前应试教育和素质教育都重视听力教学，英语听力教学在农村小学英语教学中占据着重要的地位。在这样的背景和要求下，广西农村小学英语听力教学仍面临着许多问题。

一、农村小学英语听力教学面临主要问题

　　有些广西农村小学英语教师利用丰富的网络资源来补充听力材料，如会用手机下载听力材料或者英文歌曲和有趣的短视频，来给学生增加英语

听力的途径等。可见，现代信息技术手段和丰富的听力素材能够有效提高农村小学生英语听力水平，但广西农村小学英语听力教学还存在一些其他方面的问题。根据前文调查结果显示，在目前形势下，农村小学英语听力教学存在的问题依然比较突出，总体形势还不容乐观，主要表现在以下几方面。

（一）英语听力环境不理想

生活环境方面，虽然中西方交往日益密切，但是对于广西农村小学生而言，能接触到外国人的机会很少，几乎没有机会和外国人进行英语交流，缺少了在现实环境中锻炼英语听力的机会。广西农村小学生在日常生活中也比较难接触到英文，如公路的指示牌、景区的导游解说、文化宣传等，也几乎不会出现英语。师资力量方面，农村小学规模一般较小，教师队伍不够大，不少英语教师身兼数职，教英语只是副业，英语口语较为薄弱，导致小学生学英语的机会也少于城市里的小学生。英语教师数量少也使得教师不能全身心投入英语教学，英语教师为英语教学活动准备的素材种类也不够丰富。家庭环境方面，很多农村孩子是留守儿童，父母不在身边，学习英语的自觉性不够，很难做到用手机、用电脑等工具听英语歌曲、看英文电影等。学校环境方面，农村小学对英语听力教学的重视程度不够，英语测验以阅读写作为主，只有在正规考试中才有听力。这就导致农村英语教师和学生缺乏对英语听力训练的主动性，从而降低英语听力教学的有效性。教学环境方面，由于农村小学对英语听力教学不够重视，缺少相应的听力教学设施，无法形成系统的听力教学体系，这就阻碍了英语听力教学的发展。

综上所述，农村小学生的英语听力环境不够理想，无论是课内还是课外环境，都不利于提升学生的听力能力，这就使得很多学生不会学习英语听力。

（二）英语听力教学单一化

根据前文调查结果可知，农村小学英语教师大多数是教龄较短的年轻教师，有些还是非英语专业的，甚至不是师范类专业的。这些年轻英语教师对英语教学理论认识不足，缺乏英语专业知识，小学英语教育教学经验较少。英语听力教学难度较大，而农村小学英语教师的英语教学能力又不强，创新和整合资源这方面做得不够好。这使得英语听力教学无法和其他教学活动融合在一起，甚至出现了英语听力教学就是单纯做听力题，或者直接放弃英语听力教学的现象。

除此之外，很多教师认为，英语听力教学就是学生被动接受信息，在课堂上的听力教学就是让学生不断重复地听听力材料，学生机械地从听力材料中获取关键信息，这样的教学模式容易让学生感到厌倦，不利于学生听力能力的提升。

（三）学生英语听力不理想

对于农村小学生来说，他们在三年级才开始上英语课，很多学生英语发音并不标准，英语语音语调也不够自然。由于农村小学生只学课本上的英语词汇，英语词汇量很有限。此外，一部分小学生根本就没有学习过英语语音知识，平时也只是在英语课堂上跟读。因此，要提高英语听力教学的质量，需要教授音标这一基础知识，同时还要注意朗读和口语交际时语音语调的变化。除此之外，农村小学生还要掌握英语词汇、英语语法和一些相关背景知识，才能顺利完成英语听力学习，提高英语听力技巧。

在英语听力素材时，小学生很容易受到"母语思维"的影响，他们习惯以"母语思维"来翻译英语句子、英语语篇。这种不正确的思维模式不利于提升小学生英语听力能力。很多农村小学生在听到英语单词、英语句子和英语对话和语篇时，习惯于翻译而不是获取有用的信息，导致部分小学生认为英语听力很难，因为他们不可能将听力内容完全翻译过来，所以他们不愿意认真听，由此导致英语听力水平得不到应有的提高。

二、应试教育和素质教育都重视听力教学

英语作为一门国际性的语言，在社会生活、商务往来等各方面的重要性毋庸置疑。听力正是学习英语基本技能之一，也直接关乎学生在未来升学考试以及就业创业等各领域的语言水平[①]。因此，广西农村小学必须要提高英语听力教学水平。这是对农村小学生英语学习负责的具体表现，也是

---

① 赵苏强. 农村小学英语听力教学现状及其解决途径 [J]. 新课程，2020（18）：66.

国家教育体制改革以及社会大环境对英语教学所提出的要求。

《义务教育英语课程标准（2022 年版）》明确指出小学 5~6 年级学段应达到二级目标，语言能力学段目标为"能听懂日常学习和生活中简单的指令、对话、独立和小故事等"[①]。小学生对于英语学习，需要抓好听说读写基本能力，学生英语听力水平的高低，最终将体现在他们的说、读、写三个方面的英语语言能力上。外语学习理论表明，无论学习哪种语言，基本都是从"听"开始，先是大量的语言输入，然后逐渐具备语言信息和语言储备，才能进行语言输出。从小学生的性格特点和思维习惯来看，他们对新鲜事物充满了好奇心，小学英语教师应当让其对英语语言知识产生探索热情和了解热情。同时，小学生记忆力较为扎实，形象思维能力较为突出，模仿能力也较强。这就要求英语教师应当把握好小学生的这些特点，引导小学生进行系统的英语听力练习，让学生逐渐形成良好的英语语言能力。

三、现代信息技术助力提升农村小学英语听力教学

当下，现代信息技术与农村小学英语教学日渐融合。因此，利用现代信息技术补足广西农村小学英语教学环境短板，加强农村小学英语听力教学，尊重农村小学生主体地位，就显得非常有必要。

（一）应用信息技术补足英语教学环境短板

前文调查结果表明，广西农村小学英语教学资源比较匮乏。因此，需要借助网络技术和网络资源来增加英语应用环境，辅助小学英语听力教学。由英语教师在网络搜索、选取真实英语对话场景，就可以让学生感受英语在实际生活场景中是如何运用的，也可以从网络上找到适合导入的歌曲视频，一些少儿英语学习平台都推出了适合小学生的英文歌曲。事实上，各种各样的线上资源都可以利用，英语教师要提前精选并下载好这些听力素材，然后在课堂上播放。此外，如倍速点读等小程序也是很好的英语学习平台。有条件的小学生，在家可以通过点读的方式，自主模仿跟读。农村小学英语教师充分利用这些现代信息化技术设备，不仅增加了英语听力训

---

① 中华人民共和国教育部. 义务教育英语课程标准：2022 年版 [S]. 北京：北京师范大学出版社，2022.

练内容，还对小学生英语听说能力的培养具有积极作用。

（二）加强英语听力创新尊重学生主体地位

在农村小学英语听力教学中，小学生是有生命的个体，是能动的个体。所以，农村小学英语教师要更加注重学生的主体地位，要关注学生的认知特点和性格特点等。为此，广西农村小学英语教师要与时俱进，创新英语听力教学方法。

1.尊重农村小学生的认知能力和行为习惯

农村小学英语教师应充分考虑并且尊重农村小学生的认知能力和行为习惯，尽量采用趣味教学来引导学生，让学生能更积极主动地参与英语听力训练。如前文分析，游戏教学法更加适合农村小学英语教学，如在播放英文听力对话时，英语教师可以先请小学生说出所能听到的单词和句子，先不要考虑单词和句子的意思和整篇对话内容。然后再猜测对话的内容和情节。此外，还可以通过问答方式，让学生积极主动地融入英语课堂，如在做英语对话类的题目时，通过问句、选择答句的题型，让小学生先看答句，猜录音内容。接着在做完英语听力题目后，请一个学生说出所听到的内容，其他同学跟读。

2.创设情境激发农村小学生学习英语兴趣

除了利用游戏增加趣味性和问答法提高主动性，还可以通过创设情境来激发学生兴趣。在相对无聊枯燥的学习环境中，学生产生抵触心理的概率会增大。为了更好地激发学生学习英语听力的兴趣，需要英语教师营造出符合小学生心理特点的英语听力教学环境，让小学生在轻松愉快的英语教学氛围中训练听力，掌握做英语听力的技巧，特别是理解英语听力内容和获取关键信息的能力，相信学生会渐渐喜欢充满趣味性的英语课堂。英语教师需要通过口头语言创设英语教学情境，配合与听力内容相关的图片，让学生在情境中听懂英语听力材料。此外，肢体语言、面部表情也是英语教学中不可或缺的一部分。英语教师通过适当的动作，或面部表情引导学生思考、猜测，便于小学生更好地理解英语听力内容。

3.为农村小学生设置形象直观的教学情境

农村小学生缺乏丰富的生活经验，他们年龄尚小，认知新鲜事物时，形象思维占据主导位置。在农村小学英语听力教学中，要提高学生的听力水平，英语教师要从学生的实际情况出发，充分考虑每位学生的心理发展特点，创设形象直观的英语教学情境，从而达到活跃英语课堂氛围、激发小学生听力兴趣的目的。

（三）重视听力训练环节提高学生听力技巧

小学英语是一门需要实践练习的语言类学科，英语教师需要为学生提供多次以及多种形式的听力实践。例如，每节英语课前，给小学生播放课文录音，小学生在听录音的过程中预习新课，巩固旧知识。在课后，英语教师可要求学生根据课文内容进行英语对话，让小学生在实践中锻炼自己的听力能力。

常言道："授人以鱼不如授人以渔。"对于农村小学生而言，要想提高英语听力能力，英语教师必须教给小学生正确且有效的听力技巧，如在听短文或对话之前，让小学生观察相应的图片或者提示，根据图片猜测对话或短文的内容，加深对英语听力材料的理解。又如在进行英语听力训练之前，英语教师给出简单且符合英语听力内容的问题，让学生带着问题去听，捕捉关键词，提高小学生的逻辑思维能力和英语听力能力。

第三节 提升广西农村小学英语口语教学质量的举措

随着当前经济全球化的深入，各国之间交流变得日益密切，英语已成为国家间交流的重要语言。学习一种语言就是为了交流，因此英语口语教学是小学英语教学重点，小学英语教师必须要重视对小学英语口语能力的培养。本节将从广西农村小学英语口语存在的问题入手，结合小学生英语学习特点，借助现代教育技术，提出提高小学生英语口语水平的方法和措施。素质教育赋予了英语口语教学重要使命，但在广西农村小学英语教学中，英语口语教学却处于较低地位。

一、农村小学英语口语教学处于较低的地位

目前，我国大中城市小学英语设置口语课堂，为学生营造良好的英语教学氛围，为小学生提高口语水平奠定基础。但广西农村小学由于地域及经济等诸多原因，英语教学环境较差，英语教师专业素质水平较低，学生英语口语实践机会不多。

（一）农村英语口语教学环境较差

与城区环境相比，广西农村经济水平较落后，英语教学资源短缺，不能为英语教学提供丰富多样的设备、场所以及教材资源，导致英语教师只能在教室里开展英语教学活动，口语教学环节得不到很好的开展和创新。同时，部分城市小学都有外籍教师，学生可以与外籍教师进行英语口语的交流和互动，体验真实的英语口语环境。相比之下，广西农村小学生只在有限英语课堂里接触和学习英语，没有机会与外国人进行互动交流，无法将英语口语运用于生活中，缺乏英语生活体验。由此可见，广西农村发展落后于城市，大部分农村小学对英语学科的重要性认识较浅，对英语教学的要求也较低，只要求小学生能够在英语课上认真听课，考试成绩达到良好水平，并未考虑到学生英语口语能力在未来的可持续发展。一言蔽之，广西农村小学英语口语教学环境不理想，由此导致农村小学生英语口语欠佳。

（二）教师英语专业素质水平较低

前文调查结果表明，广西农村经济发展相对落后，英语师资力量薄弱，缺少对英语教师的专业培训。究其原因，其一，多数农村小学英语教师非科班出身，专业素质较弱，在英语教学中较少使用英文授课，或因英语口语不标准，无法给予学生正确口语指导和积极潜在影响。其二，英语教师对英语口语重要性认识不足。其三，英语教师信息化能力有所欠缺，未能充分利用多媒体设备来培养学生英语口语。英语口语是学生的基本英语技能，在现阶段农村小学英语教学中，英语教师仍然受应试教育思维的影响，认为学生学习英语就是为了考试、升学，因此对于英语口语训练的重视程度不够，甚至完全忽略对小学生的英语口语教学。部分英语教师把更多的时间和精力放在教授英语单词、短语和基础语法，却忽视了对学生英语口语的训练。

（三）学生英语口语实践机会不多

英语作为一门应用性很强的学科，学习者需要不断进行口语练习，才能提高英语口语学习效率。由于生活环境的限制，生活在广西农村的大部分小学生性格内向，不敢表达自己的思想和情感。在英语课上不敢主动举手发言，不敢在教师、同学面前展现自己的长处。如此一来，小学生容易产生自卑感，害怕同学嘲笑、害怕英语教师批评，导致在进行英语口语训练时不敢大胆说出来，英语口语技能较难提高。此外，由于小学生英语词汇量少，加上英语教师的课堂用语超出小学生的承受能力，学生一知半解，使得学生逐渐失去学习英语的信心，降低对英语口语学习的兴趣。

此外，广西农村小学校长及管理人员对英语口语的重视程度低，这在某种程度上也会影响教师对学生英语口语能力的关注度。由此一来，他们就不愿意在学校开设与学生口语相关的活动，如英语角、英语演讲比赛等，学生缺少实践和锻炼的机会，英语口语能力自然得不到提升。

二、新课程标准赋予英语口语教学重要使命

英语作为国际通用语言之一，越来越被看成是一种国际交往的工具，一种可用的信息传递媒介[①]。而对于中国人来说，学习英语是为了更好地使中国走向世界并弘扬中华文明，为增强国家软实力和实现中华民族伟大复兴。因此，在小学阶段要根据《义务教育英语课程标准（2022年版）》的要求，培养小学生学习英语的兴趣，掌握扎实的英语基础知识，提高英语口语能力，为今后的英语学习打下基础。可见，农村小学英语教师不仅要重视小学生英语基础知识的学习，更要注重小学生英语口语技能的发展，丰富英语教学方法，使小学生在类型多样的英语学习活动中学习理论知识，提高英语口语技能。

三、现代教育技术优化农村小学英语口语教学模式

笔者认为，广西农村小学英语教师应当利用现代教育技术优化农村小

---

① 赵琪. 乡村小学英语口语教学的现状、问题与对策研究 [D]. 扬州：扬州大学，2020.

学英语口语教学，从激发农村小学生开口说英语的兴趣、运用多种模式提升英语口语教学、提升农村小学英语教师自身素养三个方面展开工作。

（一）激发农村小学生开口说英语的兴趣

子曰："知之者不如好之者，好之者不如乐之者。"这表明，兴趣是学习的基础，要使广西农村小学生掌握英语基础知识，提高英语技能，英语教师应创设良好的英语口语交际环境，为小学生提供丰富的学习材料，以此激发农村小学生英语学习兴趣。

1. 创设良好英语教学情境

作者农村小学英语教师，可以充分利用实物以及农村环境这一特点，围绕口语教学内容，有针对性地创设英语口语教学情境，如外研版（三年级起点）四年级上册第一模块是围绕"问路与指路"的话题展开，在英语口语练习环节，英语教师利用现代信息技术展示乡镇地图，让同桌或小组之间展开问路与指路的对话。这样以小学生熟悉的情境为基础，复习和巩固英语口语训练，要考虑小学生英语口语实际水平，以此激发小学生开口说英语的兴趣。又如，在教授关于水果、动物的单词或句子时，英语教师应充分利用农村这一良好环境，询问学生家周围的农场有什么水果或者动物，接着让学生做一份调查，以"What fruits are there？ Do you like…？"等进行对话操练，符合小学生的认知特点，增强小学生英语学习的兴趣，在调查任务中提高英语口语表达能力。

2. 丰富小学英语口语内容

除创设良好的情境来激发学生兴趣外，英语教师还可以通过丰富英语口语内容来提升小学生兴趣。例如，让小学生朗诵自己喜欢的简短英文诗歌，或者与小组成员互相分享自己喜欢的英语童话故事，以小学生喜欢的内容为基础，让学生用简短的英语词汇和简单的句子表达出自己的情感，提高小学生的英语口语表达能力。又如，进行主题性的英语口语交际活动，以节日、假期等与学生生活相近的内容为主题，通过课件展示不同国家的不同节日，让小学生与伙伴分享自己喜欢的节日，或者在假期做过哪些有趣的事情，使小学生在交流的过程中体会学习英语的乐趣。

3.要及时给予小学生鼓励

根据大部分农村小学生性格内向的性格特点，英语教师要不断鼓励小学生开口说英语，在小学生遇到不会读的单词或句子时，英语教师要耐心地给予帮助，增强小学生的自信心，让小学生在说英语过程中找到自己的长处，以更好地激发他们学习英语的兴趣，促进他们主动用英语表达自己的想法。

（二）运用多种模式提升英语口语教学

小学英语教学重视小学生实际英语语言能力的培养，其中小学生英语口语水平直接体现了英语教师的专业水平和教学能力。在广西农村小学，小学生英语口语能力较差，英语教师需要改变传统教学模式，探索丰富的教学模式，提升农村小学英语口语教学质量。

1.增加英语口语训练环节

由于受到环境的限制和条件的约束，广西农村小学英语教师主要关注学生对单词、阅读以及听力的理解程度，注重学生对英语语言知识的学习，忽视了英语口语能力的提高。因此，广西农村小学英语教师需要改变传统的教学模式，在教授英语语言知识的基础上，增加学生英语口语练习的机会。对于农村小学而言，学校应重视学生英语口语技能的提升，每周开设2~3节英语口语课程，为学生提供多次口语训练的机会。同时，学校应为小学英语口语课程提供良好的环境，丰富英语口语课程的教学资源，为英语教师更新英语口语教学模式奠定良好的基础。对于农村小学英语教师来说，英语教师自身要做好课前准备，针对小学生实际情况选择合适的课件和教辅，以小学生口语水平为参照，对英语教学内容进行合理编排，给予小学生练习英语口语的机会。例如，教授完新课文之后，英语教师应设计跟读、自读、赛读等环节，让学生反复进行英语口语操练，既帮助学生在课堂上巩固了课文，又在潜移默化中培养学生的英语语境，提升英语口语技能。同时，英语教师要给学生提出疑问的机会，让学生有意识参与英语课堂，活跃英语课堂整体氛围①。

---

① 谢丽萍. 优化小学英语口语教学的途径与方法 [J]. 新课程（上），2019（10）：69.

2.丰富英语口语训练形式

农村小学英语教师在增加英语口语训练环节的基础上，还应思考如何丰富英语口语训练的形式和内容。例如，在课前导入环节，英语教师可以让小学生跟着录音、动画视频演唱上一课内容的歌谣，或者朗诵一首与本节课内容相关的简短诗歌。这样既活跃了英语课堂气氛，又能够训练学生英语口语能力。又如，在操练环节，英语教师可以设计游戏、角色扮演等活动，要求小学生在原课文的基础上，与小组成员进行课本内容创编和表演，小学生在表演过程中巩固新课内容，又感受了学习英语的兴趣，还提高了英语口语能力。这样就可改变只以书面形式巩固知识的教学模式。

（三）提升农村小学英语教师自身素养

提升农村小学英语教师自身素养，可以从提升农村小学英语师资队伍水平、定期组织英语教师参加培训、教师自身树立终身学习理念等三个方面出发。

1.提升小学英语师资队伍水平

英语教师自身专业素养影响和决定了学生的英语学习状况和可持续发展。因此，要重视英语教师专业发展，出台相应政策，为保障英语教师权利、规定英语教师义务、规范英语教师行为、提升英语教师要求等提供政策支持，加强农村小学英语教师入职要求，提高小学英语教师的入职条件。对于小学英语教师入职条件，国家需要规定其必须通过教师资格考试，通过严格的面试才能上岗。唯其如此，小学英语教师才能够具备小学英语教师的基本专业技能和知识素养。

2.定期组织英语教师参加培训

受到广西农村环境的限制，农村小学英语师资力量较薄弱，大部分英语教师未受过专业的英语教学学习和培训，英语教师只注重书面考试，英语口语教学得不到应有的重视，英语教学能力需要进一步提高。因此，为提高广西农村小学英语教师的教育教学能力和更新教学理念，学校应该定期召开英语教学研讨会、组织英语口语培训会，请专家来学校举办讲座，与英语教师交流口语方面的教学经验，帮助英语教师提升课堂口语水平，提高教学语言运用能力，更新英语教学模式，转变英语教师只注重书面考试成绩的传统认知。

3.教师自身树立终身学习理念

时代在不断地发展，学生思维、能力也在不断地提升。作为学生发展的促进者和学习的引导者，英语教师自身必须不断地学习新思想、新理念，树立终身学习的理念，不断积累先进的英语教学经验，丰富自身英语教学知识结构。对于英语口语教学，英语教师要不断学习先进的教育教学理论，了解国外不同的文化，通过朗读英文诗歌、观看英文期刊或影视作品等，提高自己的英语口语水平。此外，农村小学英语教师还要严格要求自己：其一，要用流利的汉语和英语口语进行教学，做到发音准确，口语流利，语言功底深厚，发挥英语教师的引导作用，给学生做良好的示范[①]。其二，要精心设计每一堂英语课，优化英语口语教学方法，丰富英语口语教学活动。

第四节 提升广西农村小学英语阅读教学质量的举措

英语作为全球通用语言，在国际舞台上发挥着重要的作用。小学英语阅读是英语学习的重要组成部分，也是提高学生英语综合语言运用能力的一个重要方式，在英语教学中有着不可替代的地位。我国在英语教学中一向比较重视读写教学，因而我国的英语阅读教学模式比较成熟，但由于种种原因和限制，广西农村小学英语阅读教学中还存在一些问题。为此，分析广西农村小学英语阅读教学中出现的问题，基于核心素养培养的要求，切实提高广西农村小学英语阅读教学质量，就显得尤为重要。基于这一现状根据学科核心素养对小学英语阅读教学的要求有效解决这些普遍问题刻不容缓。

一、广西农村小学英语课程阅读教学存在的主要问题

目前，广西农村英语阅读教学普遍存在着资源稀缺、教师教学方法过

---

① 秦培元. 农村小学英语口语教学现状及提高对策 [J]. 英语新世纪，2012（2）：34-35.

于单一、学生缺乏英语阅读兴趣、农村小学英语课时量少等主要问题。

（一）英语阅读教学资源稀缺

相比于城市而言，广西农村小学教学资源就显得比较匮乏。其一，许多家长未能给孩子提供丰富的英语阅读材料。广西农村的许多家长不仅无法辅导孩子的英语阅读，而且觉得英语是不重要的科目。这样的想法往往会让家长忽视为孩子购买一些英语阅读材料，如英语绘本、英语名著等，并且这种不正确的思想也在潜移默化地影响着孩子，导致小学生也觉得学习英语是没有用的，产生不想学英语的想法。其二，农村小学师资匮乏。许多农村小学缺少英语教师，出现"一师多用"的现象，语文和数学教师也教起了英语，英语教学只是应付了事。此外，许多农村小学没有充足的英语教学资源，很难找到合适的英语阅读材料。农村小学仅有广播电视，小学生对网络等其他英语学习媒体接触少。可见，农村小学生的英语阅读材料局限于英语课本教材和教辅资料。这会使学生降低对阅读的兴趣，使其英语学习动机下降。

（二）教师教学方法过于单一

由于广西农村经济较为落后，难以留住优秀教师，且许多英语教师非英语或师范专业出身，故广西农村小学英语教师整体专业性不强，加上农村地理位置偏僻，信息较为闭塞，导致农村小学英语教师教学理念比较陈旧传统，教学方式比较单一。

在广西农村小学，大部分英语教师英语相关专业知识不足，并且受到应试教育这种单一评价机制的影响，农村小学英语教师往往沿用"教师讲、学生听""满堂灌、填鸭子"等传统的英语教学模式进行英语阅读教学。这样的教学方法呆板、机械，经常让小学生死记硬背，不能达到很好的教学效果，也不能让小学生提起对英语的兴趣。这种英语教学方式只注重传授学生阅读的知识，却忽略了培养学生的阅读能力和良好阅读习惯，严重脱离学生的实际生活，使得学生只学到抽象死板的英语知识，却无法将其灵活地应用。这种传统单一的教学形式也使得英语课堂中"听、说、读、写"语言技能教学失衡，将四项技能支离开来教学。这样不仅严重违背了《义务教育英语课程标准（2022年版）》中"培养学生学科核心素养"的要求，也不符合农村小学生的年龄特点和心理特征，导致学生逐渐丧失对阅读课的兴趣。

（三）学生缺乏英语阅读兴趣

英语阅读能力的培养是一个长期积累的过程，并不能一朝一夕就取得显著的成绩。在《儿童阅读的世界》一书中，对影响阅读质量与效率的原因有过调查统计：缺乏正确的阅读方法指导，阅读内容难度大，无法分享读后感，疑问无法及时解答、没有好的阅读材料等，都是影响学生阅读质量的因素[①]。究其原因，主要是缺乏阅读兴趣。除此之外，农村小学生英语阅读资源少，不能接触、感受到英语阅读中丰富多彩的世界，而且农村小学生英语基础知识不够扎实，英语词汇量也不够充足，给英语阅读增添了难度。这种恶性循环导致小学生对英语阅读越来越没有兴趣。

农村小学生缺乏英语阅读兴趣的原因有以下两个方面。一方面，农村小学生英语阅读资源少。相对城市小学生而言，农村小学生在日常生活中并不能接触、感受到英语阅读中丰富多彩的世界。在广西农村小学，学生除英语课外几乎接触不到英语，英语教师在英语课堂中忙于赶教学进度，没有引导学生形成良好的英语阅读习惯，缺少课外英语阅读的延伸。另一方面，广西农村小学生英语基础薄弱。广西农村小学大部分是三年级之后才开设英语课。由于家长和学校对英语的忽视，导致学生在三年级之前没有接触过英语，英语基础非常薄弱。英语词汇量也不够充足，提升了阅读难度，导致农村小学生缺乏英语阅读兴趣。

二、英语学科核心素养对小学英语阅读教学提出要求

英语阅读是学生提升语言能力、文化意识、思维品质和学习能力的依托。当下，学科核心素养背景下小学英语阅读的重要性不言而喻。核心素养要求农村小学英语教师在阅读教学设计环节，要围绕文本，渗透英语语言能力、思维品质、文化意识和学习能力等核心素养，增强学生的英语阅读动机，调动英语阅读积极性，引导学生在英语阅读学习中不断提升自己的综合能力。因此，在英语学科推进培养学生核心素养的浪潮中，英语教师就要不

---

① 李文玲，舒华. 儿童阅读的世界 [M]. 北京：北京师范大学出版社，2016：11.

断改善、创新教学方式，做到与时俱进，适应社会对教育者提出的新要求，特别是农村小学英语教师，要重视英语教学，重视英语阅读教学。

三、基于核心素养提高广西农村小学英语阅读教学质量

苏霍姆林斯基曾说过："让学生变聪明的方法，不是补课，不是增加作业量，而是阅读、阅读、再阅读。"由此可见，对于英语学习而言，英语阅读十分重要。笔者认为，提高农村小学英语阅读教学质量，可以从以下三个方面着手。

（一）激发农村小学生英语阅读的兴趣

兴趣是最好的老师，激发农村小学生英语阅读的兴趣，可以从创造轻松的氛围、丰富学生阅读的内容、培养学生阅读的习惯等三个方面着手。

1. 创造轻松的氛围

一个良好的英语学习氛围，不仅能提高学生对英语学习的积极性，而且可以让学生融入英语阅读教学中，感受英语阅读的乐趣，在乐中收获知识①。广西农村小学英语教师在进行英语阅读教学时，可以从创设良好的学习氛围出发，激发学生对英语阅读的兴趣，为后续英语阅读教学奠定基础。农村小学英语教师可以在导入环节，为学生创设轻松的英语学习氛围，让更多学生能轻松愉悦地进行英语阅读学习，并从英语阅读中体会到英语课文的魅力，激发学生对英语课文阅读的兴趣。例如，在人教版五年级上册 Module 4 Unit 1 What can you do？这一课中，播放歌曲："What can you do? I can sing a song.Sing a song, sing a song, I can sing a song……"通过歌曲带领学生迅速进入课堂的学习氛围，使学生进入英语思维空间，为开展英语阅读教学打好基础。

2. 丰富阅读的内容

广西农村小学英语教师应对英语阅读教学的内容进行扩展，不断丰富小学英语阅读教学的内容，尽可能地满足小学生学习英语的需要，开拓小

---

① 柏林丽. 浅谈在农村小学英语教学中渗透核心素养的策略 [J]. 读写算，2021（28）：59-60.

学生的眼界，丰富学生的知识，提高学生的英语阅读能力[1]。例如，在人教版五年级下册 Unit 6 A field trip 这一课中，英语教师可以在课前搜集不同地区和国家的野外活动的小短文，制作成小卡片，在课前发放给学生，让学生选择自己感兴趣的内容仔细地阅读。此外，英语教师还可以组织学生在教室一角建立"读书角"，通过各种方式丰富图书，让学生选择自己感兴趣的绘本、故事书，每一位学生都可以进行英语阅读学习。

3. 培养阅读的习惯

培养农村小学生英语阅读习惯，提高农村小学生的英语阅读能力，是一个循序渐进且复杂的过程。为此，需要从如下四个方面着手。

其一，农村英语教师应指导小学生养成默读的习惯。很多小学生在阅读时，会习惯读出每个单词的音，这样一词一句地读，会严重影响到阅读的速度，从而导致阅读效率大幅度降低。由此可见，培养小学生养成默读习惯显得尤为重要，农村小学英语教师要指导学生把注意力停留在文字符号上，避免低声诵读，以免减慢阅读速度。

其二，英语教师要指导小学生扩大视幅，减少回视。为了让学生集中注意力，有些英语教师往往会让学生用手指着书本上的单词一字一字地读书，这种做法大幅度降低了学生的阅读速度和连贯理解。要提高英语阅读效率，广西农村英语教师应培养小学生从整个句子去理解，快速从前一个句子扫视到后一个句子，以避免频频回视、重复阅读等不良现象。

其三，培养小学生养成良好的英语阅读习惯，英语教师还可以采取限时阅读练习的方法。英语教师为小学生提供英语阅读材料后，要求小学生在规定时间内获取材料中的有效信息，加快阅读节奏，增加紧迫感，从而培养学生高效率完成英语阅读内容的习惯。

其四，农村英语教师还应指导小学生正确使用英语字典和工具书等，这些技能是阅读中最基础的，对学生的阅读学习是十分必要的。

综上可见，培养小学生养成良好的英语阅读习惯，让小学生在潜移默化中提高英语阅读能力，通过长期努力，就能增强其英语阅读信心，从而提升学生英语阅读兴趣。

---

① 刘秀. 基于核心素养背景的小学英语阅读课教学实践与研究 [J]. 读写算，2022（8）：138-140.

（二）运用多种方法进行英语阅读教学

学生都喜欢丰富多彩的课堂，尤其是英语阅读课这种相对来说较为枯燥的学习内容。为此，广西农村小学英语教师要不断创新阅读教学法，运用多种方法进行英语阅读教学，如游戏教学法、其他教学法等。

1. 游戏教学法

小学阶段的学生年龄小，求知欲强，他们都喜欢形象直观、富有趣味性的教学模式，而且注意力不能长时间集中。小学阶段是帮助学生养成好习惯、建立学习兴趣的关键时期。因此，农村小学英语教师在阅读教学设计中，要充分考虑小学生的学习特点、班级学情，认清小学生学习英语的能力、现有水平以及思维方式等问题，从小学生英语学习需求出发，设计出更适合学生的英语阅读教学，为小学生打好英语学习的扎实基础。

游戏教学法是小学生喜闻乐见的教学形式，农村英语教师应把握好这一点，利用游戏为阅读教学课堂增添活力。例如，在人教版四年级下册Unit 5 My clothes 这一课中，英语教师的教学应紧密联系生活，从农村小学生的生活经验出发，这样才能更好地设计和开展游戏，有效抓住小学生的学习注意力，寓教于乐。在这一课的英语阅读教学中，英语教师可以引导小学生和同桌讨论自己穿了什么服装、有哪些特点，并鼓励他们大声说出来。基于这个游戏，小学生英语学习氛围将高涨，学生能更为全面地从英语知识的角度牢记单词、感知服装的特点，实现英语知识的有效积累。英语教师在教学完本课内容后，还可以开展"看图猜词"的游戏，要求学生以小组为单位进行"竞猜"。英语教师借助多媒体，向学生分别展示与服装相关的图片，由学生抢答，答对的小组能够获得积分，得分高的小组有奖励。在此游戏中，竞争意识能够促使学生积极参与，游戏形式又能使学生在英语学习过程中充满活力与激情，从而使学生在英语阅读课所学的单词得到很好的巩固。

可见，农村小学英语教师在阅读教学中，可以引入游戏教学。游戏教学不仅能够丰富学生的英语阅读形式，而且能让学生在积极参与游戏的过程中提高英语阅读能力，激发英语阅读的思维能力。除此之外，通过游戏进行英语阅读教学，也能将游戏的乐趣与英语教学很好地融合，使小学生在游戏过程中感知英语的趣味性。

2.其他教学法

农村英语教师在英语教学中应做到"以人为本"，在英语教学中要充分体现以学生为主体。小学英语阅读教学最重要的任务就是让小学生掌握正确的英语阅读的方法与技巧，只有这样才能让小学生在英语阅读中达到事半功倍的效果。基于此，农村小学英语教师在阅读教学过程中，应教授小学生英语阅读技巧，让小学生成为英语课堂的主体，英语教师则要注重辅助英语教学。以外研版新标准英语（三年级起点）四年级上册 Module 5 Unit 1 Can you run fast？一课为例，从英语阅读技巧方面分析如下。

其一，快速阅读，从整体到细节。在导入后，农村小学英语教师可以出示课题 Can you run fast？以及文本中的图片让小学生阅读，并要求学生说出文本的大致内容。再让小学生说出自己观察到的细节，如 Sam 的自行车漏气了。通过快速阅读，使学生对 Can you run fast？这篇英语阅读材料从整体到细节能有一个表层的理解。

其二，问题驱动，从表层的理解到深层次的剖析。针对文中主人公的特点，提出问题：What are they doing？ Who can run fast？以此来驱动小学生带着问题阅读。当小学生找出了问题的答案，并能理解一些英语单词及句型的意思，如 run fast、jump high、jump far、ride fast 等，就会对文本有更深入理解。文中主人公 Sam 邀请小伙伴与自己参加运动比赛，并找到自己擅长的运动。教师也可以借此呼吁学生平时要多运动，保持身体的健康。

其三，仔细阅读，从学习英语阅读到仔细阅读。在完成了对文本从整体理解到细节把握，从表层理解到深层理解，感悟作者传递的情感态度与价值观后，小学英语教师还可以让学生再仔细阅读文本，根据上下文猜测英语单词、短语及句子的意思，通过英语句型进行英语对话训练，实现从学习阅读到通过阅读学习。

可见，农村小学英语教师只要将以上阅读技巧教给学生，就可以帮农村小学生养成良好的英语阅读习惯，在英语教学中要做好辅助教学，给予小学生足够发挥的空间，促成"学生学"的良好状态。

（三）采用思维导图培养学生阅读能力

思维导图的应用在小学英语教学中具有很重要作用。思维导图能激起小学生探索知识的欲望，促使小学生主动去学习，让学生更高效率、高质量地学习英语。在日常英语学习中，阅读英语文章是最让小学生头疼的问题之一。一篇文章全部都是英文字符，还伴随着很多没接触过的新单词，有些学生刚看到就失去了继续阅读下去的欲望，有些学生看到一半就看不懂是什么意思就放弃了。所以，如何有效地在文章中使用思维导图，让小学生更快、更方便地理解课文，成为小学英语阅读教学中一个重要的问题①。

1. 导入环节

一节优秀的小学英语阅读教学课，在导入环节就需要成功地将小学生引入语言情境中去。在小学英语阅读教学中，应用思维导图，可以使小学生更好地走近课堂、融入课堂，达到有效导入新课的目的。

英语教师可以在课前布置思维导图的应用，如在学习小学英语三年级上册 Unit 4 My family 这一课前，可以让小学生对自己的家庭成员进行采访，主要采访信息内容为家庭成员的职业、爱好等，再对家庭成员的特点进行总结，学生将收集的信息进行归纳整理，然后通过绘制思维导图将信息呈现出来。在这一过程中，小学生能对课本中的内容进行初步感知和学习，并且通过信息收集、归纳、思维导图的绘制，能锻炼学生的动手操作能力、思维能力以及自主学习能力。这一课前活动不仅有利于增加小学生和家长的亲子关系，还能为课文的学习打下良好的基础。当英语教师进行课前提问时，小学生通过预习对学习的内容有所感知和了解，所以面对英语教师问题时，学生会更积极，课堂氛围会更好，在英语教师的指导下，能够快速进入学习状态，提高英语学习效率。

在课堂上的导入环节，英语教师可以布置思维导图的学习任务，如在教学"Animals"时，让学生自己或者与其他同学协作搜集喜欢的小动物的英文单词，共同完成思维导图。当学生在遇到困难时，英语教师可以在旁边进行引导，辅助学生完成思维导图的构建。在这一过程中，通过自主学习与小组协作的方式激发小学生对英语阅读学习的兴趣，从而主动地完成英语学习任务。在小组学生共同完成思维导图后，英语教师可以加以适当

---

① 庄艳. 农村小学英语阅读教学探究 [J]. 读写算，2021（31）：153-154.

的鼓励，并且将完成较好的思维导图进行展示，使学生可以获得较强的自我效能感。

在小学生接触英语阅读内容前，通过思维导图，能有效激发学生英语学习兴趣，使在学生脑海中形成一个初步框架，为英语阅读学习打下基础，从而提高学生英语学习效率。

第五节 提升广西农村小学英语写作教学质量的举措

根据前文调查结果可见，广西农村小学英语教师不够重视英语写作教学，而英语写作在英语学习中有着不可替代的地位。因此，本节内容将分析广西农村小学英语写作教学的现状，为提高农村小学英语写作教学质量提出相关建议。

一、广西农村小学英语写作教学的现状

其一，广西农村小学英语教学存在着师资配备不平衡、英语师资不足、英语可以由其他科目教师来教授的现象。其二，英语课程的课时分配不合理，大多数农村小学每个班每周仅有1~2节英语课。其三，广西农村小学英语教师对英语写作不够重视。他们大都觉得学生的能力不足，大多数农村小学生根本听不懂教师写作课上讲的要点。

受上述因素的影响，相当多农村小学英语教师将教学重点放在了听、说、读等立竿见影的教学环节上。更有甚者对英语写作教学态度消极，往往是找几篇范文，或者自己写几篇范文，让学生把它们抄录下来，然后再背诵。或者是在黑板上写下英文作文的题目，并提供一些关键字，让学生自由发挥，完成写作。尽管在短期内，学生可能在英语考试中写作拿到高分，但是从长远来看，这样的教学方式并不利于学生未来的发展。这种教学方式不但扼杀了学生的创新精神，还挫伤了他们的英语写作热情。长此以往，学生对这种英语学习方式产生依赖，一旦无法适应更深层次的英语学习时，

他们就会对英语写作产生畏难、厌恶，甚至是放弃的消极情绪。

二、开展广西农村小学英语写作教学的价值

英语写作教学是农村小学英语学科的重要组成部分，起到促进学生英语学科核心素养发展的作用。英语写作是一项语言输出的活动，体现学生对已输入的语言知识的运用水平，也是学生英语语言思维方式及情感表达的出口。对于广西农村小学生而言，英语写作能力是在英语学习过程中最为薄弱的方面之一。因此，广西农村小学英语教师必须要重视英语写作教学，并根据农村小学生的认知水平和特点开展英语写作教学，为学生形成良好的英语写作素养奠定基础。

调查发现，广西大部分农村小学在三年级才正式开设英语课程。小学三年级学生正处于富有创造力和想象力的黄金阶段。在开展英语写作教学过程中，教师可以列举英语写作所需的词汇或句子，引导学生充分发挥自身的想象力和创造力进行写作，让学生英语写作思维得到有效锻炼。此外，英语写作教学也能够加强农村小学生对英语基础知识的运用。在英语写作活动中，农村小学生不仅能自主地对已学单词和句子进行合理运用，使得自身的情感和想法得以在英语写作中准确地表达，还能对小学生英语阅读能力产生影响，即开展英语写作教学可在一定程度上为农村小学生英语阅读给予帮助。此外，作为一项语言输出技能，英语写作技能对听、说、读技能的发展也起到一定的反馈作用，最终为学生形成英语学科核心素养及终身发展夯实基础。

三、运用多种教学模式提升英语写作教学质量

小学阶段英语教学重在培养学生的英语学习兴趣和良好的英语学习习惯，而英语写作正是学生运用英语的重要途径。因此，英语教师应以分层教学、以读促写、借助思维导图等教学模式，有效提升农村小学英语写作教学质量，激发农村小学生的英语写作兴趣，增强学生的英语综合运用能力，促进学生英语写作能力的提高。

（一）分层教学，关注不同层次学生

为提高农村小学英语写作教学效率，激发农村小学生英语写作兴趣，英语教师应结合学生的实际情况，采用分层教学的模式，因材施教，提高小学生英语写作能力。此外，英语教师应全面了解学生的英语水平和学习能力，根据小学生对英语学习的计划和想法进行分层，以不同层次的学生为基础和中心，制定英语教学计划[①]。

1. 对教学目标进行分层

英语教师在设计英语教学环节时，要清楚地了解小学生的英语学习情况，将学生进行分层，有针对性地设计英语教学目标。一方面，将基础较差、对英语学习不太感兴趣的学生作为一个层次，为其制定基础性的写作目标。要求这类学生只需写出与作文主题相关的词汇和句子，将作文范文中的结构和信息进行替换，自主完成英语写作。例如，在进行一篇关于 animals 的作文时，英语教师可要求这类学生先写出动物身体部位的单词，再用类似 "It has two ears" 的结构写出简单句子。另一方面，对英语写作基础较好的学生，不仅要求其写出基础性的简单句子，还要为其制定拔高性的英语写作目标[②]，结合自身已掌握的英语语法和英语句式，对作文主题进行更深层次的描述。例如，在 "It has two ears" 简单句式的基础上，要求学生扩写句子，并适当加入自己的情感，如 "It has two big and cute ears, I like them very much……" 以添加形容词来丰富英语作文内容，促进学生英语写作能力的提升。

2. 对教学方法进行分层

英语是小学生刚接触的一门新语言，对他们来说，掌握英语写作有较大难度。因此，英语教师要从学生的角度和英语学习情况出发，采用分层的教学策略，对不同层次的学生，采用不同的教学方法，以提高学生理解、运用英语写作技巧的能力。首先，英语教师可利用多媒体技术，将英语连接词、过渡句、长短句等有关英语写作的表达以视频或动画的形式展现给学生，激发学生英语学习兴趣，促进学生的运用和理解。其次，英语

① 王亚鹏. 对小学英语写作教学中分层教学的探讨 [J]. 新课程（中），2017（7）：141.

② 袁丹. 小学英语写作分层教学的策略 [J]. 小学生作文辅导（读写双赢），2018（5）：80.

教师再根据不同层次的学生，采用不同的教学模式。例如，在进行 family members 为主题的英语作文时，教师可以先播放一段关于 family 的英文故事或电影，吸引学生的兴趣，然后再开展英语写作教学。针对英语基础较差的学生，英语教师应充分利用动画或图片给学生展示 appearance、profession 等英语词汇，展示一些介绍人物的英语简单句式，让学生通过造句和模仿完成一篇作文。对于英语写作水平一般的学生，英语教师可以先帮其理清写作思路和结构，让其根据自己现已掌握的英语词汇和英语句式进行写作。对于英语基础较好、英语写作能力较强的学生，要求其一边观看英文故事或电影，一边理清自己的写作思路，在写作时适当扩充句式，加入自己的思想感情。英语教师针对不同层次的学生，采取不同的教学方法，能激发不同阶层学生的潜力，做到因材施教。

3. 对教学评价进行分层

在农村小学英语写作教学中，批改和评价作文也是至关重要的一个环节。教师在批改学生英语作文时，不仅要考虑农村小学生的实际英语写作水平和英语学习能力，还要给出针对性强的评价和反馈。比如，对于英语写作能力较差的学生，英语教师应关注其英语单词、短语以及语法的使用等方面是否正确，当出现错误时，英语教师应用记号标出错误之处，引导学生修改。在评价时，要从学生的角度出发，客观地对其进行分析、总结，并为其指出明确的英语学习目标和计划。如果学生的英语写作有一定的进步，教师要及时给予鼓励和肯定，以此增强学生信心，调动学生英语写作的积极性。

（二）以读促写，提高学生英语写作兴趣

阅读注重理解和感悟语言的能力，写作则注重语言运用和表达能力，"以读促写"就是将英语阅读教学和英语写作教学有机融合，使学生将在英语阅读中获得的英语语言知识运用于英语写作实践中，从而提高英语写作能力。因此，英语教师要充分合理实施"以读促写"，循序渐进地提高学生的写作能力[①]。英语写作教学要注重与文本阅读密切相连，英语教师要及时点拨指导学生，让学生树立阅读意识，并通过读写结合，训练英语写作的

---

① 邓雪梅. "以读促写"英语写作教学模式的探究 [J]. 广西教育，2022（10）：53-55.

表达方式，掌握英语写作技巧，从而提升英语写作能力。

农村小学英语教师在组织实施英语写作教学时，可以选择一些故事性较强的文本内容，带领学生阅读。这样就可避免枯燥、机械式的英语阅读，有利于提升小学生英语学习的兴趣，让他们掌握英语写作的方法与技巧。在阅读文本之后，英语教师可引导小学生进行系统仿写训练，激发学生英语写作灵感，培养他们英语写作能力。此外，英语教师还可借助绘本阅读教学，开展"以读促写"活动，以轻松的阅读氛围减少他们对英语写作的畏难情绪，丰富英语写作的内容与形式[①]。

（三）借助思维导图，激发学生想象

思维导图作为一种思维工具，是辅助农村小学英语写作的便捷工具。由此可见，思维导图在广西农村小学英语写作教学中应用发挥着统领全局并不断发展的作用。确定写作主题之后，学生以自己已有英语知识储备为基础，进行系统归纳，再发散性联想。由此，学生思维的大门得以打开，学生丰富的想象力将激活原有的知识经验，切实提高农村小学生英语学习的兴趣，以输出倒逼输入。

由前文对广西农村小学英语教师的英语作业形式调查发现，抄写单词、背诵课文、语音朗读占比最大，分别为 89.69%，35.94%，34.53%。这就反映出农村小学英语教师对英语写作教学不够重视，学生的英语语言输入也仅限于课文内容。思维导图助力英语写作时，不仅会提高学生行文的条理性，还会增加有关学生自我经验的输入。首先，不同类型的英语写作任务，可以借助不同类型的思维导图去培养学生行文的条理性。思维导图包括气泡图、双气泡图、树状图、流程图等，它们各有特点，比如，气泡图是以一个特定的事物为中心，叙写它的性质、作用、特点等以求阐释清楚此事物[②]。这些思维导图很容易获得，在电脑常备的办公软件里就可以找到。其次，增加学生的输入主要体现在，学生在英语教师的带领下进行发散性联想，英语教师可以针对性地补充对应知识，或者学生可以在课后自行查阅相关

---

① 杨孝菊. 环环相扣 以读促写：小学英语"以读促写"的教学方法探讨 [J]. 亚太教育，2022（9）：97-99.

② 邱丽华. 思维导图在小学英语写作教学中的应用探索 [J]. 创新创业理论研究与实践，2020，3（15）：30-32.

知识。

　　综上可见，思维导图是一种可以梳理英语写作思维、激发想象的思维工具，又是一种易为获得的英语教学资源，适用于广西农村小学英语写作教学。

第六章　科学有效完善广西农村小学英语教学评价机制

《义务教育英语课程标准（2022年版）》指出，教学评价对促进学生核心素养的发展具有重要作用①。本书第二章的第四节分析了广西农村小学英语教学的评价方式过于单一。因此，优化广西农村小学英语教学评价方式势在必行。对此，笔者认为，要根据《义务教育英语课程标准（2022年版）》关于英语课程教学评价的要求，即农村小学英语教学评价应贯穿英语教学的全过程，包括期末评价、单元评价、课堂评价等，把形成性评价与终结性评价有机结合。

第一节　形成性评价和终结性评价的概述

作为教育科学发展和教学改革的产物，教学评价有别于一般的教学检查和鉴定，它有一套较为完整的理论和方法②。形成性评价和终结性评价都是评价的重要手段，终结性评价具有其他评价形式和手段不能取代的独特之处，但是这种评价缺乏全面性。形成性评价的出现，改变了以往小学英语教学的格局，形成性评价更关注学生在评价环节中的表现，将学生视为评价的主体，使得学生的主体地位得到体现，天性得到释放，学习积极性

---

① 中华人民共和国教育部. 义务教育英语课程标准：2022年版 [S]. 北京：北京师范大学出版社，2022.

② 鲁子问. 小学英语教学设计 [M]. 上海：华东师范大学出版社，2018：226.

得到培养。

一、形成性评价

对于形成性评价，这里就其概念、方式、特点、作用做具体分析。

（一）形成性评价的概念

1967 年，美国课程评价专家斯克瑞文（Scriven）教授首次提出了形成性评价（formative evaluation）的概念，并将其与终结性评价（summative evaluation）做了区分。及至 1969 年，美国著名教育家本杰明·塞缪尔·布鲁姆（Benjamin Samuel Bloom）首次将两者的区别引入学习领域。

形成性评价，又称"过程评价"，是指在教学活动开展的过程中，通过了解学生的学习进展并及时发现教学中的问题而进行的评价和反馈，以此来调控教学过程，激励学生学习，改进教学质量和水平。钟启泉和张华在《课程与教学论》一书中提出："形成性评价是在课程开发或课程实施尚处于发展或完善阶段时所进行的评价，其主要目的在于搜集课程开发或实施过程中各个局部的优缺点的资料，作为进一步修订和完善的依据。"① 可见，形成性评价的主要方式有随堂测试、随堂提问等，不只是针对学生的学业成绩方面进行的评价，而是对学生日常学习过程中的表现、所取得的成绩以及所反映出的情感、态度、策略等方面现状以及发展做出的评价，是一种发展性的评价。

对于小学英语教学评价，《义务教育英语课程标准（2022 版）》中指出，教学评价包括课堂评价、作业评价、单元评价和期末评价，对其做了详细的论述，并配以案例进行的解释和说明②。根据形成性评价的含义，上述的课堂评价、作业评价和单元评价属于形成性评价。

（二）形成性评价的方式

形成性评价方式包括教师评价、学生自我评价、学生相互评价、成长记录袋评价。

① 张华. 课程与教学论 [M]. 上海：上海教育出版社，2000：396.
② 中华人民共和国教育部. 义务教育英语课程标准：2022 年版 [S]. 北京：北京师范大学出版社，2022.

英语教师评价是指教师对每一位学生的日常英语学习状况和学习成果等方面进行的各种评价。这类评价不仅有英语教学活动中正式的提问、作业和正规测验、考试及其成绩测评等；还包括教师与学生广泛接触中，对学生英语知识、性格、能力、个性、英语学习态度等各方面进行的一种全面评价。

学生自我评价是指在英语教师的引导下，根据一定的标准，学生对自己的品德、期望、个性特征、英语学习状况、英语学习行为和其他学习成果进行的一种自我判断与评估。自我评价对学生而言具有重要的意义，这意味着他们开始有意识地检验自己的英语学习成果和平时表现，发现自己的优缺点，这样可以使学生扬长补短，激发学生的学习兴趣、内在学习的动力。

学生互相评价是指在英语教师的指导下，根据一定的评价标准，以独立的学习小组为单位，小组成员之间相互对其他成员的特点、能力、优缺点、英语学习过程、英语学习效果等方面所做的评价。

成长记录袋评价，又称"学习档案评价"或"档案袋评价"，是指在各个领域中，教师和学生系统地、有计划、有组织地记录和收集学生的作品，还有学生自己、教师、同伴和家长等人对作品的反思和评价，以及其他相关材料和证据等，并进行合理的分析和解释，以此反映学生在英语学习中的努力、进步或成就，这是学生进步和发展的描写。美国南卡罗来纳大学教育学院教育心理学教授玛格丽特·E.格莱德勒（Margaret E.Gredler）以成长记录袋的不同功能为标准，将成长记录袋分成五个类型：理想型、展示型、文件型、评价型、课堂型，具体内容如表14所示。

表14　成长记录袋

类型	结构	目的
理想型	作品产生和选入说明、系列作品以及学生对自己作品的反思。	提高学习质量，帮助学习者成为学习历史思索者和具有进行非正式评价能力的人。
展示型	由学生自己选择出来的他们最好和最喜欢的作品集。	给家长和其他人展示学生作品。
文件型	根据一些学生的反映以及教师的评价、考察、考查、成绩测验等得出的学生努力、进步和成就的记录。	以学生的作品、量化和质性评价的方式，提供一种系统的记录。
评价型	根据预定的标准，由教师、管理者、学区对所建立的学生作品集进行标准化的评价。	向家长和管理者提供学生在作品方面所取得成绩的标准化报告。
课堂型	它由三个部分组成：根据课程目标描述所有学生取得的成绩的总结；教师的详细说明和对每个学生的观察；教师的年度课程和教学计划及修订说明。	在一定情境中与家长、管理者及他人交流教师对学生成绩的判断。

其中，理想型的成长记录袋是五类之中最具教育意义和价值的，因此常被作为提高学习质量的工具而使用[①]。但是，不同于考试与测验，成长记录袋的应用需要教师和学生额外付出大量的时间和精力；尤其是现在的许多公立小学的班额在 40 人以上，这就给英语教师的评价工作增加了更重的负担。成长记录袋的标准化程度较低，是因为成长记录袋评价的灵活性较高，缺乏统一的标准和准确数据的支持，其科学合理性还有待考察且人为主观性较强。

（三）形成性评价的特点

由前面关于形成性评价概念及方式的分析可见，形成性评价具有如下四个主要特点。其一，评价的主体既包含教师，又包含学生，教师参与评价活动，学生在完成学习任务的过程中具有主动性，教师和学生在评价过程中都能得到反思和进步。其二，评价的内容具有全面性和广泛性，形成

---

① 禹明，卢福波，梁祝. 小学英语教学评价 [M]. 长春：东北师范大学出版社，2004：125.

性评价关注的不仅仅是教学效果和学生的学业成绩，还关注学生的学习过程、主动性，积极性和创造性。其三，评价方式灵活多样，形成性评价包含多种评价方式：教师评价、学生自评、学生小组互评和成长记录袋评价。其四，评价的结果具有反馈性，民主的评价结果可以及时反馈给学生、教师和家长，便于学生更直观全面地了解自己并清楚自己的改进方向。总之，形成性评价对于学生英语自主学习性的培养有很大帮助，它能及时给学生反馈信息，促进学生全面发展，从而促进教师自身专业发展[1]。

（四）形成性评价的作用

由前面分析可见，形成性评价是日常教学中由教师和学生共同参与和实施的评价活动，其首要目的是促进学生学习，通过教师评价、学生自我评价、学生相互评价、成长记录袋评价等评价方式，给学生提供具体的帮助和指导，这在教学中起到了重要的反馈作用。

二、终结性评价

对于终结性评价，这里就其概念、方式、特点、作用做具体分析。

（一）终结性评价的概念

终结性评价，又称总结性评价，是指在一个大的学习阶段、一个学期或一门科目结束时，对学生学习结果和成果进行制度化的正规考核和评价。主要方法有期末考试、期中测试等量化评价。终结性评价是在课程开发或课程实施完成后所实施的评价，其主要目的在于搜集资料，对课程计划的成效作出整体判断，作为推广采用或不同课程计划之间比较的依据[2]。《义务教育英语课程标准（2022版）》将评价分为教学评价和学业水平考试，配以案例进行详细的解释说明，并提出了明确的要求[3]。根据上述终结性评价的定义，小学英语教学评价中的期末评价和学业水平考试属于终结性评价。

---

① 葛丽媛. 浅谈小学英语形成性评价 [J]. 科教文汇（中旬刊），2013（11）：140–141.

② 张华. 课程与教学论 [M]. 上海：上海教育出版社，2000：396.

③ 中华人民共和国教育部. 义务教育英语课程标准：2022年版 [S]. 北京：北京师范大学出版社，2022.

（二）终结性评价的形式

与形成性评价相比，终结性评价的形式较为单一，它主要是针对"教"与"学"结果的一种反馈与评估。常见的期末考试、期中考试、学业测评考试等都属于终结性评价。事实上，终结性评价产生的时间比较长，研究相对较为深入，是一种比形成性评价更系统、更缜密的一种评价形式。这种评价是强调学生成绩，而不是对努力或能力进行衡量。这可以从两个角度来看，从学生的角度来看，终结性评价主要被用来决定最后的课程分数；从指导教师的角度来说，终结性评价是解释性的一种手段[①]。

由上述分析可见，终结性评价是一种结果性的评价。它是对教学目标达到程度的判断，也提供教学目标适当性与教学策略有效性的信息[②]。它能够测试某一个阶段的英语教学和英语学习结果，能够综合性地评价学生在这一阶段的英语学习效果，英语教师也能够通过学生的英语考试成绩，来了解学生这段时间的英语学习状况和英语知识的掌握程度。但是终结性评价的方式较为单一，且只是对结果的一种评价，无法全面评价和概述学生的英语学习过程，具有一定的局限性。

（三）终结性评价的特点

由前面关于终结性评价概念及方式的分析可见，终结性评价具有三个主要特点。其一，在目标上，终结性评价着眼于对整个教学阶段或某个重要部分所取得的教学成果进行全面的评定，使学生明确自己整体的学习效果，并对学生学习动力产生重要影响。其二，在内容分量上，它所涵盖的范围较广，它是检测学生综合运用语言能力发展程度的重要途径，也是反映教学效果和学校办学质量的重要指标之一。其三，终结性评价是为了对已制定好的教案、计划、课程等的整体效益作全面鉴定所进行的评价，它的重点是对教育活动全过程的检验，一般在教育过程结束后进行。

（四）终结性评价的作用

由前面关于终结性评价的分析可见，终结性评价是为了对已制定好的

① 李曦. 高中英语教学中终结性评价和形成性评价的比对分析 [D]. 长春：东北师范大学 2007.

② 陈敏华. 兼顾过程与结果：浅谈英语教学中的形成性评价与终结性评价 [J]. 校园英语（教研版），2012（11）：47.

教案、计划、课程等的整体效益作全面鉴定所进行的评价，是检测学生综合运用语言能力发展程度的重要途径，也是反映教学效果和学校办学质量的重要指标之一。传统教学中多以终结性评价为主，相较于学生的学习体会、感受、兴趣，英语课堂更注重学生的成绩。

小学英语教学的任务之一是"激发和培养学生学习英语的兴趣，使学生树立自信心，掌握一定的英语基础知和听、说、读、写技能。"由此可见，对英语教学进行评价应尽量真实地体现学生的学习过程。由前面关于形成性评价及终结性评价的分析可见，形成性评价和终结性评价具有不同的功能。合理地调整形成性评价和终结性评价的关系，使得英语教学评价走上正轨，学生乐于学，教师乐于教①。因此，将形成性评价及终结性评价的作用很好地结合起来，才能促进学生的全面发展。

第二节　形成性评价与终结性评价的实施对策

教学评价是小学英语课程不可或缺的一部分，它是实现小学英语课程目标的重要保障，也是检验小学英语教学效果的重要手段。在广西农村小学英语教学中，合理运用形成性评价和终结性评价，能提高农村小学生学习英语的兴趣，增强其自信心。下面将从实施形成性评价与终结性评价的必要性、原则以及实践意义三方面进行阐述。

一、实施形成性评价与终结性评价的必要性

形成性评价以其能及时调节和完善教学目标成为现代教育评价的发展趋势之一，在我国越来越受到人们重视，而终结性评价简便、直观、易操作，可以检查学生在某一阶段的学习情况，有利于甄别和选拔人才，二者都有其存在的必要性和现实性。

---

① 陈绍红. 英语教学中的形成性评价与终结性评价 [J]. 宿州教育学院学报，2006（2）：84-86.

（一）实施形成性评价的必要性

由前面分析可见，形成性评价性能够及时反馈教师教学和学生日常学习的信息，帮助教师了解到自己教学中存在的问题，以及学生在课堂或日常学习中出现的状况。实施形成性评价，有利于广西农村小学英语教师及时改进自己的教学方式、教学策略，提高教学质量和水平，为学生提供帮助；有助于学生发现自己英语学习的优势与不足，从而使学生调节自己的英语学习方式、英语学习状态等，提高英语学习的效率，还能够培养学生英语自主学习的意识和自主探究的精神，激发学生英语学习的兴趣和热情，引发学生的内部学习动机，从而提高自我效能感。1998 年，保罗·布莱克教授与迪伦·威廉教授合作研究，对全球 250 篇关于形成性评价的文献进行文献综述《黑箱之内：通过课堂评价提升标准》，以及迪伦·威廉的《融于教学的形成性评价（原著第 2 版）》，发现在实施形成性评价的课堂上，学生的学习收益显著提升[①]。

（二）实施终结性评价的必要性

前面分析表明，终结性评价能够在某一个大的英语学习阶段结束后，综合测评学生的英语学习成果和学习效果，其测评结果更加的系统、客观、科学和严谨。因此，实施终结性评价能够使学生明确地了解到自己在该英语学习阶段的成果与不足，从而及时改正，扬长补短；英语教师也可以通过学生的学业水平成绩了解学生在该阶段的英语学习状况和知识掌握程度，从而来决定下一学习阶段的英语教学内容、英语教学模式等。

二、实施形成性评价与终结性评价的原则

根据形成性评价和终结性评价在教学中的作用和教学功能，在实施两种评价时，需要遵循以下原则。

（一）实施形成性评价的原则

实施形成性评价需要遵循科学性原则、多元化原则、个性化原则等。

科学性原则是指在评价过程中，按照科学理论的指导和程序，运用科

---

① 周文叶. 形成性评价使用指南 [N]. 中国教育报，2021-7-28（3）.

学客观化的思维进行评价的原则。

多元化原则是指在评价内容上多样化，不仅关注学业成绩的评价，还关注学生的能力、个性、心理发展、学习态度等方面；在评价方式上多样化，不仅有考试、测验，还包括师生谈话、课堂提问、档案袋评价法等方式；在评价主体上多元化，有教师评价、学生自我评价、学生互评。

个性化原则是指根据每个人不同的个性和特点，充分尊重个体之间的差异和主体性来进行评价的原则。

（二）实施终结性评价的原则

实施终结性评价需要遵循科学性原则、导向性原则、总结性原则、适应性原则等。

遵循科学性原则的评价方式更为严谨、客观和系统，能够保证公平性和客观性。

导向性原则是指在评价时有一定的方向性和指导性，以此来指引学生向正确的方向发展。终结性评价大多数是根据一定的教学目标，以卷面笔试形式进行，有统一方向和标准，对学生有一定的指导作用。

总结性原则是指终结性评价一般是在期中或期末时期进行，它能够综合地对学生进行学业测评，总结学生该学期的学习状况。

适应性原则是指终结性评价能够契合小学阶段英语教学的内容和目标以及学生的学习能力等特征，对学生进行评价。

三、形成性评价与终结性评价相结合的实践意义

发展性评价主张把过程性评价与终结性评价结合起来，对学生学习的评价既要考查学生学习的过程，又要看学生学习的结果，这样才能够对学生的学习情况做出一个相对全面、真实、准确的评价结论。下面将从教师和学生两方面对形成性评价与终结性评价相结合的实践意义进行阐述。

（一）对教师的实践意义

形成性评价和终结性评价都是为教学服务，将两者相结合能够使英语教师既关注英语学习过程，又强调英语学习结果；既了解学生的个性，又了解学生在英语学习上的共性；既能关注学生全面发展，又能对学生实施

综合性评价；既包含学生的学业水平方面的测评，又包含学生性格、德育、体能等方面的评价。形成性评价与终结性评价相结合的评价方式，方便教师了解每一位学生的学习风格与特点，因材施教，实现学生个性和共性的全面发展，使学生实现统一培养目标和教学目标的同时，个性和特长也能够同步得到更好的发展与进步。两者相结合能够使教师在得到反馈的信息后及时调整教学，然后在期中或期末时看到自己的教学效果。

形成性评价与终结性评价在理念上更像是理想与现实的关系，形成性评价代表着教育评价的理想，总结性评价代表着教育评价的现实。理想是指引，但理想相对虚一些，操作性不强，因此仅有理想却不落实是不可取的，需要现实来不断地推进。总结性评价所取得的实效源于形成性评价在过程中的推进，而对总结性评价结果的运用又要以充分发挥形成性评价作用为前提[①]。

（二）对学生的实践意义

将形成性评价与终结性评价相结合，不再单纯以学业成绩来评价学生，而是全面地、综合地、多元化地评价学生，使学生能够充分全面地了解和认识到自己的优势与不足。两种评价相结合能够有效地激发学生英语学习的兴趣、热情和动机，增强学生的自信心和自我效能感，发挥其主观能动性，从而使学生明确自己发展和奋斗的目标和方向。

总之，实施评价时处理好形成性评价与终结性评价的关系，兼顾过程与结果，将两者有机地结合起来，才会让学生增强学习英语的信心，让学生在师生交流、互动学习过程中得到全面发展和进步，为学生更好地适应社会和终身发展奠定良好的基础[②]。

---

① 王丽丽. 形成性评价与总结性评价之关系探究 [J]. 现代教育科学（小学教师），2013（3）：173-175.
② 陈敏华. 兼顾过程与结果：浅谈英语教学中的形成性评价与终结性评价 [J]. 校园英语（教研版），2012（11）：47.

第三节 形成性评价和终结性评价在农村小学英语教学中的应用

本章第一节及第二节的分析表明，形成性评价与终结性评价相结合，对于广西农村小学英语教学评价具有重大意义。然而，由于形成性评价概念较新，导致许多英语教师对它理解有限，再加上传统的评价观念已经根深蒂固，许多广西农村小学英语教师常常望文生义，对形成性评价存在一些误解，主要表现在：将形成性评价等同于课后测验、重"评价标准"、轻"形成性"的过程、评价策略过于单一以及忽视评价策略的整体性和系统性等。基于此，广西农村小学英语教师应注重对学生全方面、多方位、多元化的评价，兼顾学生学习的过程和结果。英语教师可以在班级内建立学生成长档案袋，将学生平时的英语学习状况、英语课堂表现、各个方面的进步与发展、平时测试、学生作品、学生自我评价、同伴评价、教师评价、家长评价等放入档案袋。可见，形成性评价可以调控学生英语学习过程，而终结性评价则可检测学生英语学习结果。如此一来，就能发挥两种评价方式各自的优势，又能帮助英语改进英语教学，促进学生全面发展。因此，英语教师要结合科学的评价理念，构建多元化的小学英语评价体系，使它更好地服务于小学英语教学[①]。下面将形成性评价与终结性评价有机结合，分析这两种评价方式在广西农村小学英语教学的"听""说""读""写"等四个方面考核的应用，具体内容如表 15 所示。

---

① 程英玉. 如何在小学英语教学中将终结性评价和形成性评价相结合 [J]. 中国校外教育，2013（34）：80；96.

表15：广西农村小学英语形成性评价与终结性评价的内容一览表

<table>
<tr><td rowspan="24">评价项目</td><td rowspan="12">听</td><td rowspan="2">形成性评价</td><td>评价内容</td><td colspan="4">1.能听懂常用指令和要求，并顺利完成任务
2.能在图片、图像、手势的帮助下听懂简单的对话
3.能在老师的帮助下听懂小故事
4.能看懂语言简单的英语动画片，并模仿喜欢的语句
5.每天能坚持听英语录音（或看英文节目）。不少于十分钟
6.预习时坚持先听再读
7.能够主动收听英语听力，在听力过程中体验到学习英语的快乐</td></tr>
<tr><td>评价等级</td><td>优</td><td>良</td><td>合格</td><td>待合格</td></tr>
<tr><td rowspan="2">终结性评价</td><td>评价内容</td><td colspan="4">1.字母的识别和再认能力
2.词汇和句型在语境中的语音和意义识别能力
3.熟悉的日常交际情景对话、小语段理解能力
4.语句、语段或语篇理解能力
5.简单的语义转换能力</td></tr>
<tr><td>评价题型</td><td colspan="4">1.听录音，选择
2.听录音，排序
3.听录音，判断
4.听录音，连线
5.听录音，选回答
6.听录音，填词或表格
7.听录音。画一画
8.听短文（故事），回答问题……</td></tr>
<tr><td>评价目的</td><td colspan="4">对学生的语音语调、理解与识别关键信息、学习态度与能力进行评价，了解学生的听力水平及视听习惯，帮助教师根据学生的听力情况进行因材施教</td></tr>
<tr><td>评价形式</td><td colspan="4">课堂教学过程中、课后访谈、制作成长记录袋等</td></tr>
<tr><td rowspan="6">说</td><td rowspan="2">形成性评价</td><td>评价内容</td><td colspan="4">1.能够诵吟简单的英语歌谣，演唱英语歌曲
2.能够借助图片或提示编小对话，讲述英语小故事
3.能够用英语就自己、家庭和朋友等话题，进行简单交流和描述
4.能够在情景中、游戏中扮演角色，进行有感情的交流
5.能够运用英语进行简单的日常对话（如问候、告别、致谢、致歉等）</td></tr>
<tr><td>评价等级</td><td>优</td><td>良</td><td>合格</td><td>待合格</td></tr>
<tr><td rowspan="2">终结性评价</td><td>评价内容</td><td colspan="4">1.语言模仿能力以及朗读习惯的培养
2.在不同情境中合理、得体交际能力
3.就某个话题准确、流利表达的能力
4.展示个性化语言才能
5.合作能力和创新能力的培养</td></tr>
<tr><td>评价题型</td><td colspan="4">1.朗读课文
2.对话交际
3.独立陈述
4.才艺展示（介绍作品、发表演讲、表演节目等）</td></tr>
</table>

续表

		说	评价目的	帮助学生了解自己，激励自己大胆开口说英语用英语与同伴交流，帮助他们建立自信，促进学生综合语言运用能力的发展			
评价项目			评价形式	学生进行个人展示、同伴合作交流或小组协作，教师将过程性材料保存到成长记录袋中			
	读	形成性评价	评价内容	1.能够正确、流利认读所学单词、句子及课文 2.喜欢阅读英语书报，有读书报的习惯 3.能够看懂贺卡所表达的意思 4.能够运用适当的阅读技巧，有意识带着目的进行英语阅读 5.能够掌握正确的阅读步骤，获取语篇的重要信息 6.能够借助图片或教师的提示，预测文本内容，提出问题 7.能够在阅读后获取关键语句，验证对文本内容的预测和提问 8.能够反思自己的阅读策略，总结文本内涵 9.猜测生词词义，查字典或请教他人 10.能够在阅读后摘录喜欢的英语句子 11.能够在阅读后将自己认为有意义的内容与家人、同学分享 12.能够正确朗读所学故事或短文			
			评价等级	优	良	合格	待合格
		终结性评价	评价内容	1.字母、词汇、句型在语境中的认读能力 2.根据语境得体地运用交际用语的能力 3.在情境中正确使用语法、词汇和句型的能力 4.语段或小语篇的理解能力，如细节理解能力等 5.不同题材和体裁的语篇理解能力，如整体理解、细节理解、根据上下文猜测词义以及简单的语义转化能力等			
			评价题型	1根据情境，识别字母或词汇 2.根据情境，匹配句子 3.根据上下文完成对话 4.看图完成句子或对话 5.句子排序，组成通顺的对话 6.根据短文，排列图片或句子 8.根据短文，判断、选择或回答问题 9.根据情景，选择正确的句子或对话			
			评价目的	帮助学生通过自我评价，加以反思，达到逐步提高其阅读能力，促使学生主动思维、大胆实践，形成自主学习的能力。通过终结性评价的考查，教师能够掌握学生的阅读情况，改善教学方式			
			评价形式	课堂教学过程中、课后布置任务、制作成长记录袋、期末卷面考查等			

续表

评价项目				
评 价 项 目	写	形成性 评价	评价 内容	1.正确默写26个字母，书写规范 2.能正确书写单词、词组和句子，大小写与标点符号基本没有错误 3.能写出简单的问候句 4.能看图写简短的句子，或描述图意 5.能按老师的要求做作业和订正作业 6.英文书写字母流畅，字迹工整，卷面整洁

				优	良	合格	待合格
			评价 等级	优	良	合格	待合格

（上接表格，写—终结性评价部分）

		终结性 评价	评价 内容	1.字母、单词、句子的规范书写 2.单词在语境中的正确运用和拼写 3.在具体语境中（含图片情景）单句层面输出能力，如：模仿结构进行类似句式的构句能力 4.考查学生重点词汇和句型以及话题在真实语境中的理解和运用能力 5.考查学生写作能力，以半开放性写作为主
			评价 题型	1.写出所给字母的左邻右 2.看图将单词补全 3.根据上下文或图片情境，填写所缺单词，将句子补充完成 4.看图或根据所给情境，补全句子、对话 5.仿写句子或对话 6.主题性写作；如根据所给话题、图片、表格信息、关键词等写话
			评价 目的	了解学生书写及写作能力，可根据学生年级不同，做适当调整。突出学生的主体地位，尊重学生的个体差异、年级差异
			评价 形式	完成任务、自主探究、班级展示、制作成长记录袋、期末卷面考查

各年级所占比例				
评价项目	三年级	四年级	五年级	六年级
形成性评价	40%	40%	30%	30%
终结性评价	60%	60%	70%	70%

一、在小学英语"听"技能方面的应用

"听说"是"读写"的前提。小学生学习英语需要进行大量且有效的语言输入，才能保证语言输出活动的流畅性和准确性。"听"的技能就是指学生在听英语材料的过程中，理解和获取材料大意和关键信息的能力。

"听"作为英语语言技能的首要技能，是发展学生语言运用能力的关键能力，对村小学生英语学习产生非常重要的影响。在广西农村小学英语教学中采用多元评价方式，将形成性评价和终结性评价相结合，能够有效激发学生学习英语的兴趣，在日常学习生活中养成良好学习习惯，提升学生的听力理解能力。

农村小学英语听力的形成性评价主要包括评价目的、评价内容、评价主体、评价形式。听力评价的目的之一就是激发学生的学习兴趣，让学生主动地参与到英语学习活动之中。学生在完成听力学习活动后，通过教师的评价并得到相应的反馈，能够体验到作为学习的主人的乐趣。形成性评价属于学生学习过程中的评价，因而具有过程性和长期性的特点。听力的理解能力并非一蹴而就，需要教师在教学过程中运用形成性评价，给予学生长期的学习反馈，以此帮助学生适当调整英语听力策略，促进语用能力提升，形成良好的学习习惯。小学英语听力形成性评价的内容主要包括语音语调评价、理解与识别关键信息评价、学习态度与能力评价等几个方面，评价可以在课堂中进行，教师也可以通过课后访谈学生或制作成长记录袋的形式，对学生的听力进行形成性评价。在教学过程中，教师可以选取贴近学生生活实际的听力材料，拉近听力内容与学生之间的距离，减少学生的焦虑和畏惧心理，便于学生理解。此外，还需考虑学生的认知特点和接受能力，听力材料的语句要简短、简单，是学生熟悉的个人或事物。听力题型要基于学生的最近发展区进行设计，引导学生带着问题听材料，有目的地提取和理解听力内容中的关键信息，锻炼学生"听"的技能。同时，形成性评价的题型力求多样化，图文并茂，体现趣味性。

在广西农村小学英语教学的实际工作中，教师要基于农村小学生的认知特点进行教学评价。大多数农村小学生在三年级正式开设英语课之后，才得以系统地训练听力技能。在学生接触英语听力的初始阶段，英语教师需要耐心维持学生的听力兴趣和学习动机，尽量帮助学生降低对英语听力的畏惧感，增强对英语听力的自信心和专注力。因此，在广西农村英语课堂中，教师要注重对学生听力技能的形成性评价。如表15所示，在中年级（三年级和四年级）学习阶段，广西农村小学英语教师需要经常在英语课堂教学过程中采用形成性评价对学生英语听力技能进行评价，为学生听力技能的发展奠定良好的基础。为提升学生英语听力水平，促进学生全面发展，必须将形成性评价和终结性评价有机地结合。在中年级阶段，英语教师可在教学评价过程中将形成性评价的比例设定为 40 %，终结性评价为 60 %。到了高年级（五年级和六年级）学习阶段，评价形式的比例需要有所调整，形成性评价所占比例为 30 %，终结性评价所占比例为 70 %。多元化的评价机制贴合"单科育全人"的教育理念，帮助学生全面地了解自身学习情况，调整听力策略。

二、在小学英语"说"技能方面的应用

语言是交流的工具，口语表达能力是提升语言技能的重要因素。口语表达能力的评价目的主要是考查学生的英语表达能力。关于语言表达与交流的培养目标，《义务教育英语课程标准（2022 年版）》对语言能力学段目标的二级水平明确指出：能围绕相关主题，运用所学语言，与他人进行简单的交流，表演小故事或短句，语音、语调基本正确[1]。也就是说，口语能力的形成性评价内容要与单元相关，包含语法的使用、文化的结合、思想的交流。

小学英语情境会话主要的核心内容就是英语口语的运用，在不同语境下运用，在不同方式下表达[2]。口语能力的有效提升要基于真实的英语语言情境。农村小学英语教师创设贴近学生生活的情境和交际话题，便于学生理解，使得学生敢于开口表达自己的想法，在师生或生生之间的交流过程中提升口语能力。在农村小学英语课堂中，农村小学英语教师可以通过设计个人展示、同伴合作或小组交流的活动，给予学生自主表达的机会，使学生掌握本单元或话题相关的词汇和语法。如表 15 所示，在课堂以及每个单元学习结束之后，教师可以设计与单元内容相关的任务或话题，比如让学生介绍自己的画、发表演讲、表演节目等，鼓励学生开口表达。随后，农村小学英语教师对学生的表现过程和作品进行评价，同时也让学生相互点评、学习他人的作品，收

---

① 中华人民共和国教育部. 义务教育英语课程标准：2022 年版 [S]. 北京：北京师范大学出版社，2022.

② 梅羽. 小学英语学习形成性评价实践研究 [D]. 昆明：云南师范大学，2018.

集学生的过程性材料或作品，放入学生的成长记录袋中。由于英语口语是广西农村小学生较为薄弱的英语语言技能之一，因此英语教师需要关注学生在英语课堂中的表现，在学生用英语表达和交流时，以鼓励形式引导学生自信、得体地进行英语表达。可见，形成性评价对于广西农村小学英语口语表达能力提升至关重要。英语教师可在实际英语口语教学评价工作中，在中年级将形成性评价的比例设置为40％。到了高年级阶段，评价形式需要稍稍侧重于终结性评价。因此，高年级阶段英语口语表达能力的形成性评价所占比例可调整为30％。

目前，关于农村小学英语口语的终结性评价活动较少，一般不采用卷面考试的形式考查学生的口语能力。但是，教师同样能发挥自身的专业能力，设计英语口语终结性评价的相关活动，促进学生的全面发展。无论是形成性评价，还是终结性评价，都必须遵循学生的情感原则，设置学生乐于参与的活动。英语教师可以采取星级评价的方式进行终结性评价。中年级阶段，终结性评价在教学评价中占比为60％，高年级为70％。形式包括个人展演、双人协作、合作表演等类型，并设置有梯度的难度等级，根据学生的表现和口语表达的准确性、流畅性，给予学生相应的星级。学生提升英语口语表达能力需要一个过程，因此农村小学英语教师需要耐心地指引学生，以宽容的态度对待学生的口语表达错误，结合形成性评价和终结性评价，有效提升学生的英语口语能力。

三、在小学英语"读"技能方面的应用

"读"是语言输入的主要形式，阅读能力就是学生获得语言知识和关键信息的能力。英语阅读在小学阶段的学习内容中有着举足轻重的地位。对学生英语阅读能力进行形成性评价，能够让学生调控自身的阅读策略，明了阅读的价值和意义。对于小学生来说，通过阅读获取材料中的有关信息，理解语篇中的英语语言知识和外国文化，能够感受到使用英语国家的风土人情，开阔眼界。同时，在阅读过程中将语言知识点的学习和关键信息的获取相结合，有助于促进学生的文本分析能力，提升学生的问题意识和解决问题的能力。此外，阅读可以巩固学生对词汇和语法的记忆，扩充学生

的词汇量，趣味性的阅读材料还能有效激发学生的学习热情，为学生养成终身学习的习惯奠定良好的基础。关于学生英语阅读能力的评价，包括阅读目的、阅读步骤、文本内容预测与设问、验证预测、文本总结、反思文本等。在小学阶段，学生之间的英语阅读能力具有差异性，每一位学生都有自身独特的阅读策略。因此，农村小学英语教师对学生的阅读能力进行形成性评价时，要注意尊重学生的学习风格和个性，保护学生的独特性。教师要意识到，没有最佳的阅读策略，适合学生自身认识特点和学习能力的策略，才能有效地帮助学生提升阅读能力。在英语教学过程中，英语教师必须关注到学生对阅读材料的感受、体验与自身的理解。让学生在形成性评价过程中感知多种阅读策略，优化自身的阅读能力。同时，英语教师可以引导学生对评价内容进行总结，说说选择哪种阅读策略最适合自己，达到高效完成阅读任务的目的。英语阅读能力影响着语言输入的程度，对学生的英语学科核心素养产生十分重要的影响。在中年级阶段，英语教师应注重形成性评价，将形成性评价在教学评价中的比例设置为40％，到了高年级阶段，调整为30％。

关于小学英语阅读能力的终结性评价，英语教师可以在期中或者期末时段进行。在中年级阶段，终结性评价所占比例为60％，高年级为70％。终结性评价需采用多样化的题型，对学生的阅读能力进行检测。例如，单项选择题、判断题、简答题、填空题等题型，都能够作为考查学生阅读能力的终结性评价方式。最后，英语教师要结合小学生的实际学习情况，将形成性评价与终结性评价相结合，增加形成性评价在评价机制中的占比，有效地促进学生英语阅读素养的提升。

四、在小学英语"写"技能方面的应用

"写"的技能包括字母、单词、句子的书写和写作能力。对字母和单词的学习评价能够作用于句子和写作的学习评价。在小学阶段，学生需要掌握大量的英语单词，对于重点单词，英语教师要注重从音、形、意和用四个方面进行评价。教师可以运用自然拼读法，将字母的读音和发音结合评价，便于学生记忆和书写。关于"形"的评价，主要包括字母的身形和

音形两个方面。小学阶段要求学生采用手写体进行英文的书写，英语教师要从英语单词字母在四线三格中的占格、流畅度、整洁度方面对学生进行评价，让学生掌握正确的书写字母的方法。针对"用"的评价，教师需要评价学生对字母和单词的正确使用。可以采用终结性评价的方式进行考察，比如连线配对题、判断题、填空题的题型，能够有效地检测学生对字母和单词的书写和运用的掌握程度。

关于英语句子、短对话、作文的书写，英语教师可以从以下几个方面进行评价。

首先，英语教师可以选择一个便于学生发挥的话题，给学生发布任务，让学生综合地运用已具备的语言知识进行写作。例如，让学生采访他人具备的特长有哪些，在作业纸上用英语写出采访的时间、地点、人名及其特长。在班级进行展示，生生互评，相互学习，基于学生自主探究的时间，让学生在做中学。

其次，教师要指导学生在口语表达的基础上，将口头语转化为小语段、小语篇，鼓励学生将口头作文逐步地提高到笔头作文的层面，这个过程并非一蹴而就，需要教师循序渐进的教导。英语教师可以对学生在写作过程中的条理性、逻辑性、准确性进行评价。在终结性评价中，要注重对学生书写的流畅度和整洁度进行评价。写作是学生个体思想的表达，要注重学生的个性和独特性。因此，在中年级阶段，英语书写及写作能力的形成性评价所占比例为40％，高年级阶段为30％，终结性评价在中年级所占比例为60％，高年级为70％。在实际农村小学英语教学过程中，英语教师可根据实际情况进行适当调整。在对学生进行形成性评价的过程中，教师要保护学生的自尊心和好奇心，加大形成性评价的使用频率，使之更好地服务于终结性评价，最后促进农村小学生英语核心素养目标的达成。

第七章　加快提升广西农村小学英语
教学资源建设实效性

英语教学建设离不开相应的英语教学资源。然而，广西农村小学英语教学资源相对匮乏，尤其在乡村振兴战略背景之下，加大对农村教育各方面的投入，完善广西农村小学英语课堂教学设备，就显得尤为重要。这需要广西各级政府加大对农村小学英语教育的财政投入，需要农村小学积极完善英语课堂教学设备，需要农村英语教师提高教学设备应用能力。此外，还需要加强对广西农村小学英语课程资源的开发。为此，不仅要完善广西农村小学英语课程资源开发体系，优化广西农村小学英语人力方面课程资源，更要整合农村小学英语多种方面课程资源。

第一节　完善广西农村小学英语课堂教学设备

随着乡村振兴战略的逐步实施，国家和政府加大了对农村教育的关注度，同时也加大了对农村教育的投入。这使得广西农村小学英语课堂教学设备逐渐得到改进，但仍有些教学设备未得到完善。要完善广西农村小学英语课堂教学设备，广西各级政府应加大对农村小学英语教育的财政投入，广西农村小学应积极完善英语课堂教学设备，农村小学英语教师则应提高教学设备应用能力。

一、各级政府应加大农村小学英语教育财政投入

2017 年 9 月，中共中央办公厅、国务院办公厅印发的《关于深化教育体制机制改革的意见》明确指出，要着力解决义务教育城乡发展不协调问题，统一城乡学校建设标准、城乡教师编制标准。由此可见，党和国家十分关心农村教育发展。但总的来说，农村教育仍是我国整个教育体系中的"短板"，尤其广西农村小学英语教育相对于城市小学英语教育相比更是存在一定差距。

教育经费缺乏是导致教育资源匮乏的直接原因，尤其是在农村小学英语教学中，财政投入不足会导致英语课堂教学设备不够完善，由此严重阻碍农村小学英语教学的发展。由于广西农村经济不发达、交通不便利等多方面原因，导致广西农村小学教育经费不足，在小学英语课程方面更没有充足经费，以至广西农村小学英语教学中依然存在教学设备不完善的问题。广西各级政府应加强对广西农村小学英语教育的重视度，加大对广西农村小学英语教育的投入力度，才能够让广西农村小学英语教学质量得到改善和提高。对此，要从三个方面着手。

其一，政府及教育行政部门应加强调研，切实掌握广西农村小学英语教学设备不完备的现状。其二，在当前广西农村经济发展较为落后的状况下，广西各级政府及教育行政部门应当将教育经费较多地投向农村，确保农村小学教育经费充足、教育资源完整①。其三，广西各级政府应加大对农村小学英语教育的财政投入，力争改善农村小学英语教学环境，确保农村小学英语课堂教学设备完善。

一言蔽之，广西各级政府应更加重视农村小学英语教学质量提升，及时了解各农村小学英语教学现状，给予经常性指导与支持，解决农村小学英语教学中遇到的困难。

二、广西农村小学应积极完善英语课堂教学设备

英语教学过程中需要充足的课堂教学设备，包括建设语音室，配备电脑、

---

① 杨静. 农村小学英语学习现状调查研究 [D]. 上海：华东师范大学，2009.

多媒体语音设备、投影仪、英语读物、英语教具等。完备的教学设备是英语教师顺利开展教学的重要条件，也是学生能更好地学习英语的关键因素。如果学校未能给学生学习英语提供良好的物质条件，将会限制学生语言综合运用能力的提升，农村小学英语课堂教学设备滞后也会影响到农村小学英语教学质量。

前文调查结果表明，广西农村小学英语课堂教学设备不完善的问题普遍存在。由于农村小学规模小、经费不足，大部分农村小学尤其缺乏现代信息技术设备，如计算机网络、实物视频展示仪等，许多农村小学未配备语音室，一些学校甚至连基本教学设备都严重缺乏。农村小学英语课堂缺乏先进信息技术教学设备是一个普遍的现象，也是广西农村小学英语教学面临的问题中最亟须解决的问题。鉴于此，尽快完善英语课堂教学设备，争取经费为学校添置充足的课堂教学设备，已成为当务之急。下面从农村小学完善必要的英语课堂教学设备、条件允许下建立英语语音室两个方面进行分析。

（一）农村小学应积极完善必要的英语课堂教学设备

对于广西农村小学而言，多媒体设备和计算机网络亟须完善。这些基本教学设备有利于英语教师顺利地开展英语教学活动，能让农村小学生通过多媒体、互联网看到整个国家甚至整个世界，激发农村小学生英语学习的动机。简而言之，如果广西农村小学英语教学设备能够得到完善，就能给英语教师带来丰富的英语教学资源，能够拓宽农村小学生知识面，开阔农村小学生眼界。

（二）农村小学应在条件允许情况下建立英语语音室

目前，我国已越来越重视对小学生英语口语表达能力的培养。因此，在广西农村小学建立起英语语音实验室势在必行。语音室能够让农村小学生学习到标准的英语发音和地道的英语表达，能有效地改善农村小学生普遍存在的语音和语调问题。一言蔽之，让小学生在语音室多练英语口语，让他们敢于开口说英语。

总而言之，广西农村小学应积极完善英语课堂教学设备，才能给农村小学生营造浓厚的英语学习氛围，让农村小学生拥有良好的英语学习环境，使其也能够通过视听说一体化教学来感受英语的魅力，提高其学习英语的兴趣，为今后英语学习夯实基础。

三、广西农村英语教师应提高教学设备应用能力

广西农村小学英语教师应用现代化教学设备的能力高低与广西农村小学英语教学质量提升息息相关。前文调查结果表明，目前广西农村小学英语教师应用现代化教学设备的能力有所提升，但并不尽如人意。总的来说，制约广西农村小学英语教师应用现代化教学设备能力的因素主要有以下几点。

（一）小学英语教师队伍整体水平偏低

广西农村小学专任英语教师较少。前文调查结果显示，广西农村许多英语教师并非师范学校毕业，或师范学校非英语专业毕业。如此必将导致农村小学英语教师队伍整体水平偏低：一些农村小学英语教师的英语学科知识较为匮乏，且不熟悉英语教学理论和技能，再加上应用教学设备能力不强，导致英语课堂枯燥无味。这种英语教学只会降低学生对英语的兴趣和积极性，也影响英语课堂教学效果。

（二）小学英语教师工作任务非常繁重

由于农村小学英语教师的数量少、工作任务繁重，如果要外出参加培训，英语教师不容易处理好本职工作。因此，很多农村英语教师只能选择放弃参加培训的机会。

（三）小学英语教师参加培训的机会少

一直以来我国小学英语教师在职培训方面存在着时效性差、监管力度不足、受力面不广以及培训手段单一等问题[1]。虽然广西农村小学教师也有机会参加各种教师培训，但大多数农村小学英语教师获得培训的机会仍然较少，没有得到相关系统的英语课堂教学设备使用培训，以至一部分农村小学英语教师不能正确地使用各项教学设备，甚至一些学校尽管配备有语

---

① 熊英，袁峥. 小学英语教师专业发展共同体的构建与发展[J]. 教育理论与实践，2014，34(6)：37-38.

音室，但英语教师也不知道如何使用语音室来配合英语教学。

（四）提高小学英语教师应用设备能力

综上分析可见，农村小学英语教师应用现代化教学设备的能力优劣，直接影响着农村小学生学习英语的成效，也影响农村小学英语教学质量。为此，基于目前广西农村小学英语教师师资力量不足、整体水平偏低的情况，可从以下两个方面提高农村小学英语教师应用现代化教学设备的能力。

一方面，广西各级教育行政部门应进一步重视农村小学英语教师的专业地位，努力提高农村小学英语教师应用教学设备能力。具体来说，广西各级教育行政部门应尽可能多地为农村小学英语教师增加常规培训会、培训课程，开展研讨会、小学英语教学竞赛以及学校间交流访问等活动，给农村小学英语教师提供更多学习培训机会。除此之外，农村小学应设立参与培训的相关奖励机制，以此促进小学英语教师参与培训活动的积极性。

另一方面，自我发展是教师不断学习新知和提升自身教育教学水平的重要途径。广西农村小学英语教师应通过各种途径提高自身教学设备应用能力，具体包括研读英语课堂教学设备应用的相关书籍和文献，通过网络资源获取关于教学设备应用的最新信息，在英语教学过程中根据学生的反馈，不断反思、不断发现自身应用教学设备的问题，并有意识地加以整改、提高。

以上分析表明，要提高广西农村小学英语教学质量，就要提升广西农村小学英语教师的教育教学水平。对此，可从三个方面着手。其一，为提升农村小学英语教师现代化教学设备应用能力，广西各级教育行政部门应多开展针对农村小学英语教师的培训活动，确保农村小学英语教师培训的有效性。其二，农村小学管理者应尽可能确保英语教师数量充足，以此减轻英语教师的教学负担，让英语教师有更多机会参与培训。其三，农村小学英语教师应不断通过自我学习来提高教学设备应用能力，全面提升英语教学水平。

第二节　完善农村小学英语课程资源开发体系

英语课程资源的开发与利用情况是影响英语课程实施效果的重要因素。对此，《义务教育英语课程标准（2022年版）》明确指出："积极开发与合理利用课程资源是有效实施英语课程的重要保证。"由此可见，对英语课程资源进行有效的开发和利用有利于提升教师教学效果，拓宽农村小学生学习英语的渠道。对于小学英语课程的教学来说，英语教师在英语课堂上运用丰富多样的课程资源，能够更好地激发小学生英语学习的兴趣。在乡村振兴战略实施的背景下，广西农村教育将得到更多关注，广西农村小学英语课程资源也将因此得到进一步的开发与利用。但目前，广西农村小学英语课程资源的开发与利用仍然受到各种因素的制约。一方面，农村小学对英语课程资源开发观念理解得不够深入，农村小学英语教师对英语课程资源开发的价值认识不足。另一方面，农村小学英语课程资源短缺，学生除英语课堂及英语作业外，甚少有机会接触英语。因此，积极改进农村小学英语课程资源开发，对提高广西农村小学英语教学质量有着十分重要的意义。

要有效进行农村小学英语课程资源开发，首先需要认识到农村小学英语课程资源开发的意义和地位，明确农村小学英语课程资源观。课程资源观是指人们对课程资源的态度和看法。具体而言，课程资源观包括教师如何认识课程资源的价值、内涵及课程资源的开发与利用。课程资源观影响着教育教学人员开发课程资源的积极性，也影响着课程开发的深度和广度[①]。可见，正确的课程资源观是有效开发课程资源的前提条件之一。目前，广西大部分农村小学对小学英语课程重视程度低，许多农村小学英语教师没有得到充分的英语课程资源相关培训，导致农村小学和农村小学英语教师课程资源意识淡薄，并未形成正确的小学英语课程资源观，阻碍着农村

---

① 段兆兵. 课程资源的内涵与有效开发[J]. 课程·教材·教法，2003（3）：26-30.

小学英语教学质量的提高。要改变这种局面，就要从如下两个方面着手。

一、树立小学英语课程资源观

课程资源观影响着教师开发与利用课程资源的方向和效果，正确的课程资源观有利于对小学英语课程资源进行科学、合理的开发与利用。为此，教育部门、农村小学及英语教师要重视英语课程资源，树立正确的小学英语课程资源观。

（一）教育部门和农村小学明确小学英语课程观

其一，小学英语课程资源观应符合当前我国新时代对人才发展提出的新要求。长期以来，由于我国传统知识本位教育观念深入人心，大多数教师认为教育教学的根本任务是教会学生知识，使其掌握应试能力。新时代背景下需贯彻落实立德树人的根本任务，坚持"五育并举"，聚焦学生核心素养的发展，关注学生良好品格、创新精神和人文素养的培育。

其二，小学英语课程资源观应符合英语课程标准的要求。长期以来，受到应试教育环境影响，英语教学只重视语言知识的掌握，而忽视学生语言运用能力的培养。《义务教育英语课程标准（2022年版）》明确指出，英语课程就是要培养学生的核心素养，主要包括语言能力、文化意识、思维品质和学习能力四个方面。小学英语课程资源的开发要基于对课程标准和核心素养的理解，开发出有利于学生发展各项品质的课程资源。新时代对人才培养的要求以及《义务教育英语课程标准（2022年版）》为英语课程发展和英语教学提供了具体的方向，也给教育行政部门和教育从业人员树立正确的课程资源观提出了明确的要求。

（二）农村小学英语教师必备的英语课程资源观

其一，农村小学英语教师应根据课程发展要求，树立发展性的课程资源观。当下是一个飞速发展的时代，并且世界已是一个开放、共享的整体，英语课程资源自然也处在不断发展变化之中。农村英语教师应意识到英语课程资源的时刻变化及学生的知识水平和学习能力在不断发展，唯有与时俱进，不断更新自身对课程资源观的理解，才能适应社会对小学英语教育提出的要求。

其二，农村小学英语教师应保持继续学习课程资源的相关知识。英语课程资源观并不能在短时间之内就能够形成，而是要通过不断地吸收新的研究成果、不断认识和了解课程资源，才能进一步形成正确的英语课程资源观。

其三，农村小学英语教师应转变传统的英语课程资源观。由于长期受到应试教育大环境影响，大多数农村英语教师把英语教材和英语练习题作为唯一的课程资源，较少有英语教师关注英语课程资源开发的相关内容。早在2014年，教育部在《关于全面深化课程改革落实立德树人根本任务的意见》中就明确要求，着力培养学生高尚的道德情操、扎实的科学文化素质、健康的身心、良好的审美情趣，努力使学生具有中华文化底蕴，落实立德树人的根本任务[①]。这就要求教师必须要转变传统的教学方式，转变老旧的课程资源观念。因此，农村小学英语教师应深入学习课程资源理论，在英语教学实践中运用课程资源理论的相关内容，更新陈旧的英语课程资源观。

二、建立英语课程资源管理制度

课程资源一旦开发出来，就应加以利用，并采取合理的管理措施，确保课程资源开发的合理性和课程资源发展的可持续性。但由于广西农村小学受到多种因素的限制，存在教育经费不充足、师资力量薄弱等问题，大部分农村小学缺少课程资源的管理体制。在此情况下，广西农村小学应改善课程资源管理的现状，提高课程资源管理的专业程度，构建起课程资源管理体制，才能够保证英语课程资源的开发和利用的可持续发展。对此，要从以下两个方面入手。

（一）农村小学组建英语课程资源管理小组

英语课程资源的开发和管理是一项长期而艰巨的任务，英语教师个人管理课程资源负担过大。因此，农村小学应设立专门的英语课程资源管理小组，全权负责英语课程资源的管理以及课程资源开发活动的指导。通过英语课程资源管理小组，学校明确英语课程资源开发的目标，让英语课程资源能够得到更好的开发和利用，提高农村小学英语课程资源管理的效率，

---

① 乔玉全. 全面深化课程改革 落实立德树人根本任务 [J]. 中国现代教育装备，2014（16）：6-8.

提升农村小学英语教师对课程资源的使用度，确保课程资源得到妥善管理和广泛利用。农村小学应建立健全英语课程资源开发评价制度，对已开发和即将开发的英语课程资源进行评估，发现问题之后及时调整，高效推进农村小学英语课程资源开发工作。

（二）农村小学建立英语课程资源管理制度

农村小学对英语课程资源的管理应包括对已开发课程资源进行管理和对未开发课程资源的开发与实施进行规划。对于已经开发的英语课程资源该如何管理和使用，应有一个明确的规则。一方面，要做好英语课程资源分类工作，如有使用资源或更新资源应做好记录，英语课程资源应做好具体内容和使用注意事项等的标记。另一方面，对于尚未开发的英语课程资源进行科学、妥善的开发，对英语课程资源进行补充和更新，但要以实际情况为标准，英语课程资源的开发不宜超出学校、教师、学生以及家长的承受范围。

三、大力支持英语课程资源开发

要改变广西农村小学英语课程资源开发迟缓的现状，就要积极开发出各种各样的英语课程资源并加以利用，广西各级政府以及教育主管部门必须要对农村小学英语课程资源开发给予政策、财力、物力等方面的支持。具体来说，需要从以下两方面开展工作。

（一）小学英语课程资源开发需要政策支持

教育部在 2001 年颁布的《基础教育课程改革纲要（实行）》中指出："中小学基础教育改革要积极开发并合理利用校内外的各类课程资源。支持学校、教师进行课程资源开发。"[①]《义务教育英语课程标准（2011 年版）》和《义务教育英语课程标准（2022 年版）》中都含有"课程资源开发与利用"的相关实施建议。这些政策和文件都对教育部门和教育从业人员开发课程资源提出了相应的要求和建议，以促进课程资源开发工作得到更好的发展。如果没有相关政策和制度的支持，农村小学及英语教师对课程资源的开发

---

① 基础教育课程改革纲要（试行）[J]. 云南教育（视界综合版），2009（3）：7-9.

将举步维艰。

（二）农村小学需要配套英语教学课程资源

广西各级教育主管部门应到农村小学开展调研工作，了解农村小学英语教学的真实情况，尽可能丰富农村小学英语课程资源，如为农村小学购置更加丰富的英语课程资源，增加图书资源、教师教学用具资源，完善多媒体设备、语音室以及网络资源，等等，为农村小学英语课程资源的开发创造有利条件。

农村小学英语教师是英语课程资源开发的主体之一，英语教师课程资源开发的积极性将影响到课程资源开发与利用的成效。由此可见，教育主管部门和农村小学应大力支持教师开发和利用英语课程资源，建立科学的奖励机制，提高教师开发和利用课程资源的积极性。

四、探索课程资源开发培训模式

广西农村小学英语教师课程资源开发观念不足，课程资源开发能力水平不高，主要有两方面原因。一方面，广西农村小学各类资源较匮乏，英语课堂教学设备、英语课程资源不完善。这些因素均制约着农村小学英语教师课程资源开发的范围，影响教师课程资源开发的积极性。另一方面，广西农村教师职前和在职期间，较少接触英语课程资源的相关理论，关于课程资源开发与利用方面的培训甚少。长期以来，应试教育导致农村小学教师课程资源意识淡薄，英语教师没有明确课程资源对于小学英语教学的重要性、认为英语教科书和练习册是英语课程的唯一资源。因此，提升农村小学英语教师课程资源开发的能力，需要制定英语课程资源开发培训制度，组织农村小学英语教师定期参加培训，建立英语课程资源开发培训模式。

第三节 优化农村小学英语人力方面课程资源

人力是课程资源开发与利用的主要方面。一般来说，人力方面课程资源主要包括教师资源、学生资源、家长资源以及校外人力资源四个方面。对此，下面围绕这四个方面，就如何优化农村小学英语人力方面课程资源进行具体分析。

一、完善农村小学英语教师资源开发

英语教师不仅是英语课程资源的主要开发者和使用者，也是英语教学过程中重要的课程资源。目前，广西农村小学英语课程资源开发仍存在一系列问题，比如教学设备不齐全，缺少书籍资料、电子资料等。在这样的情况下，英语教师更应该发挥自身作为英语课程资源的重要性，为农村小学生提供更丰富的英语课程资源，提高农村小学生学习英语的兴趣。为此，对于如何完善农村小学英语教师资源开发，下文将围绕加强农村小学英语师资队伍建设、提高农村小学英语教师专业素质、重视农村小学英语教师资源开发三个方面做具体分析。

（一）加强农村小学英语师资队伍建设

教师培训是提高农村小学英语教师整体素质的重要途径，即教师培训对农村小学英语教师专业素质、英语教学能力的提高起着重要推动作用。2020 年 7 月教育部等六部门印发《关于加强新时代乡村教师队伍建设的意见》，这就为加强新时代农村教师队伍建设提供了政策保障。目前，由于广西农村小学地理位置偏远、工资水平不高，导致小学英语师资力量薄弱、师资队伍结构不合理、教师队伍整体水平不高的问题。英语教师是英语教学的主体，英语教师队伍的总体水平影响着农村小学英语教学质量。因此，加强广西农村小学英语教师培训显得尤为重要。为提升广西农村小学英语教师培训的效果，必须要明确广西农村小学英语教师的培训目标和培训内容。

一方面，对于新入职的英语教师来说，职前培训和入职培训应以资深英语教师传授自身教学经验、英语专家团队对英语课程标准解读和教材分析为主。通过培训，新入职的英语教师能够对目前一线教师的英语教学情况、英语课程发展动向有清晰明确的把握，对英语教材的整体框架和单元具体内容有正确的理解，如此新入职的英语教师就能够更轻松灵活地开展农村小学英语教学工作。

另一方面，转岗担任英语教师和非科班出身的英语教师可能存在英语专业知识不牢固，甚至会出现语音语调方面的问题。对于这类英语教师，培训内容应以英语专业知识，如英语句法学、语义学、语法学、语用学等语言学方面的专业知识为主，以及关于小学英语教学方法的培训。通过培训，该类教师能够准确把握英语语音、词汇、语法等方面的知识，为更好地发展农村小学生英语听说读写技能夯实基础。

（二）提高农村小学英语教师专业素质

一方面，广西各级教育主管部门和农村小学应注重提升农村小学英语教师的专业素质和综合素养，尽可能为农村小学英语教师提供专业发展机会。在广西农村小学英语资源不充足的情况下，英语教师作为人力方面课程资源，要发挥应有的作用。这就对农村小学英语教师的专业素养和综合素质提出了更高的要求。对于广西农村小学英语教师来说，由于种种因素，大多数英语教师外出进修、学习的机会很少，尤其是学历进修、出省学习、出国学习的机会更是罕见。广西农村小学英语教师队伍以教龄短的年轻教师居多，大部分英语教师缺乏教学经验，缺少英语专业的培训和指导。因此，广西各级教育主管部门应尽可能为农村小学英语教师提供学习机会，不断提高专业素质。

另一方面，教育主管部门及农村小学应鼓励农村小学英语教师积极学习关于课程资源开发方面的内容。除常规的培训内容和形式外，应将关于英语课程资源方面的内容纳入培训体系中，以此提升广西农村小学英语教师课程资源开发的能力。为此，教育主管部门需要组织多种关于英语课程资源开发与利用的专题讲座、开展英语课程资源开发技术的培训等，引导英语教师科学合理地开发英语课程资源，提升自身素质，丰富农村小学英语课程资源。

此外，教育主管部门和农村小学应多组织交流活动，如校际交流、教师之间的交流，也可以定期举办英语教师技能大赛，让英语教师相互学习，共享经验，从而提高农村小学英语教师自身专业素质。

（三）重视农村小学英语教师资源开发

英语教师本身就是一种课程资源，应充分发挥英语教师在英语课堂中的作用。英语教师个人魅力、教学风格和知识体系形成了独一无二的英语课程资源。农村小学英语教师应尽可能发挥自身优势，丰富课程资源，为英语课堂添砖加瓦。在英语课堂中，英语教师可充分利用语言表达、神态表情、肢体动作等让学生领悟英语学习的魅力。由此可见，英语教师自身专业素质决定着英语教学目标、英语教学内容和英语教学活动设计的水平。因此，只要农村小学英语教师重视英语课程资源开发，将农村小学生生活实际相关的内容有机融入英语课堂教学，势必能激发农村小学生英语学习的热情和兴趣。

二、农村小学生自身资源的开发挖掘

农村小学生也是英语课程资源中的一部分。小学生资源是指学生在课堂上、生活中表现出来的，能够为英语教师所利用的，有利于英语教学活动的，学生已获得的知识、经验、情感态度、价值观等[①]。因此，每个学生的生活经验、学习经历、情感态度及学习方式都属于课程资源。因此，充分挖掘农村小学生资源，有利于丰富农村小学英语课程资源，提高农村小学英语课堂教学效果。对此，可以从如下两个方面着手。

（一）灵活开发学生学习兴趣资源

激发农村小学生学习英语的兴趣以及培养农村小学生学习英语的自觉性、积极性是小学阶段英语课程的目标之一。孔子曰："知之者不如好之者，好之者不如乐之者。"《义务教育英语课程标准（2022 年版）》指出，学

---

① 王斌华，王洪伟，等. 英语教师课堂教学规范评价指标体系：研制与解读 [M]. 上海：上海外语教育出版社，2018.

生应通过英语课程的学习提高学习能力，树立正确的英语学习目标，保持学习兴趣。由此可见，兴趣是小学生学习英语的动力源泉，也是小学生学好英语的关键因素。但广西农村小学生英语学习兴趣不浓厚，大多数小学生学习英语只是因为学校和家长的要求。在此情况下，农村小学英语教师应该灵活地开发提高学生学习兴趣的资源，提高农村小学生学习英语的积极性。

其一，农村小学英语教师应努力为小学生创设各种有趣的情境，吸引小学生的注意力，激发学生的英语学习兴趣。由于广西农村小学地理位置偏远，小学生父母常年在外务工等因素，有很多农村小学生并没有真实接触过英语教材中的一些场景，比如小学英语人教版教材中 At the zoo 一课，大多数农村小学生没有去过动物园，更没有真实见过长颈鹿、熊猫、猴子等动物。面对这种情况，教师可以利用网络资源中形象生动的图片和视频等吸引学生的注意力，激发学生学习英语的兴趣，并将英语知识融入其中，让小学生感受真实的动物园情境，这样有助于农村小学生理解。此外，农村小学英语教师还可以设计与动物园、动物有关的英语课堂活动，让小学生融入情境之中，提高小学生参与英语课堂的积极性，提升小学生英语学习效率。

其二，农村小学英语教师应灵活利用各种英语教学活动，以此激发小学生学习英语的兴趣。小学生的注意力不容易集中，需要英语教师利用各种各样的活动，如游戏、歌曲歌谣、角色扮演等，保证英语课堂生动有趣，从而吸引小学生的注意力。可见，农村小学英语教师利用好上述这些有趣的活动，就能激发小学生学习英语的兴趣，提高其学习英语的积极性。

（二）积极开发学生情感因素资源

农村小学生的情感因素对英语学习成效影响很大。克拉申认为，情感过滤是阻止语言习得者完全吸收所获得的可理解输入的一种心理障碍。事实上，广西大部分农村小学生在三年级之前并未接触过英语，相对于其他学科而言，农村小学生对英语比较陌生，学习英语就更为困难。如此一来，农村小学生容易对英语学习产生消极情绪，如不敢开口、心理压力大等问题，由此导致小学生对英语课堂的期待越来越低，阻碍小学生学习英语。

为此，农村小学英语教师应重点开发小学生积极的情感态度，比如自信、轻松、愉快等，激发学生对英语学习的热情。

其一，农村小学英语教师应将小学生喜欢的课堂活动融入教学过程中，如可以利用小学生乐于竞争、好胜心强的心理，采用分组竞争的课堂活动，激发学生学习英语的动机。

其二，农村小学英语教师应与学生建立起和谐友好的关系。很多农村小学生不喜欢上英语课，就是因为怕回答不出教师的提问，而被英语教师批评，或被同学嘲笑。为了过滤学生的这类消极情绪，农村小学英语教师需要营造一个轻松愉快的英语课堂，尽可能与学生成为朋友，让小学生敢于开口说英语、乐于开口说英语。

其三，英语教师应做到一视同仁，关注全体学生。因此，农村小学英语教师不仅仅要关注表现出色、积极性高的学生，还要关注表现稍显不足的学生。对于这些学生，英语教师可以设计一些简单的活动或问题，让这类学生完成，提高他们英语学习的自信心，消除他们对英语学习的恐惧感。

三、利用农村家长以及校外人力资源

家长是学生的监护人，家长对学生的学习生活起督促、培养的作用，也就是说，农村小学生家长是课程资源中不可缺少的一部分。实践证明，如果能合理开发和利用学生家长资源，就能提高英语教师教学以及学生学习英语的效果。一方面，农村小学英语教师应与学生家长建立紧密联系，尽可能让家长知晓英语学习的重要性，保证家里有条件的学生都能利用电子设备、光碟、磁带和课外读物等资源，进行课外的英语学习。家长之间应建立学习互助群，通过相互沟通和交流，互相解答学生学习英语中碰到的问题。另一方面，英语教师应充分挖掘学生家长自身的生活、学习、工作经历等，英语教师可充分利用家长资源为学生提供更多的英语课程内容。

此外，教育专家、社区工作者、志愿者等专业及非专业人士，都可以成为英语课程资源。这些校外资源可以给英语教师、学生提供一系列客观、有效的英语知识，补充英语课堂中拓展性不强的问题。因此，英语教师应当做好资源收集，与校外人力资源建立良好的关系和稳定的联系，积极利用好这些人力资源，开发对农村小学生英语学习有所帮助的课程资源。

第四节　整合农村小学英语多种方面课程资源

除了上文提到的人力方面课程资源，英语课程资源的范围还包括物力资源。物力资源在英语课程资源开发中扮演着重要的角色，如教材资源、多媒体资源、校内校外环境资源等。那么，如何对这类课程资源进行科学、合理的开发与利用？对此，下文从三个方面加以具体分析。

一、合理利用原有课程教材资源

《义务教育英语课程标准（2022 年版）》明确指出，教材是英语课程的核心资源。可见，英语教材是小学英语课程的重点内容，小学英语教材是教师教学内容、学生英语知识的主要来源。下文将从两个方面就农村小学英语教师该如何用好小学英语教材开展英语课堂教学加以具体分析。

（一）充分挖掘英语教材中的资源

一方面，农村小学英语教师应当充分挖掘英语教材中的资源，为小学生创造良好的英语课堂氛围。如前文所言，广西大部分农村小学选用人教版小学英语教材（三年级起点），也有一部分选用外研社新标准三年级起点教材。这两套小学英语教材具有特点。

其一，这两套小学英语教材中的文本内容、插图、情境都是英语教材编写专家经历几轮审定编制的，具有科学性、系统性和完整性。因此，这两套教材的编排符合小学生身心发展的规律，配图插画符合小学生学习兴趣的特点。

其二，这两套小学英语教材中的话题大多数都是与小学生的生活相关的，且含有大量歌曲歌谣和游戏设计，能够激发小学生对英语学习的兴趣。因此，农村小学英语教师应当重视教材中的各种素材内容，将其完整挖掘出来，并在课堂上加以充分利用。例如，小学英语教师可以充分利用教材中生动有趣的插图，在课前设置一些有趣的问题，吸引小学生的注意，激发小学生的好奇心，提高其参与英语课堂的积极性，也可以根据英语教材文本内容，适当引入小学生耳熟能详的歌曲，让小学生乐于开口说英语。

（二）合理调整英语教材编排内容

农村小学英语教师应当对英语教材内容进行合理的调整，使其更符合农村小学生的生活实际。尽管广西农村小学选用的英语教材和城市小学选用的教材一致，但教材中大多数内容和农村生活并不相符甚至相差悬殊。仔细查看不难发现，这两套小学英语教材中大部分情境都是城市化的情境。例如，到动物园看动物，在公园中游玩，周末活动或是看电影或是去野餐，还有很多到外国友人家里参观的情境等等。又如，关于饮食的单元，出现较多三明治、牛排、沙拉等西方食品，这些东西对于城市小学生来说也许习以为常，但是农村小学生只能通过视频、图片来感知这些食品。虽然随着城乡一体化的发展，农村小学生对城市中的环境和事物稍有接触，但是这些内容和情境和他们的日常生活内容还是相差很大。因此，英语教师应当对教材中和农村小学生日常生活相差甚远的内容进行重新调整和改编，如人教版小学英语教材（三年级起点）六年级上册 Unit 3 My weekend plan 这一单元，教材中的主人公周末计划以看电影、去超市、去旅行为主，农村小学生的周末也许并没有那么多花样，英语教师则可以在教授这个单元时，增添与农村小学生周末活动有关的图片、短语和词汇，巧妙地将农村小学生的周末活动融入教材内容之中，这样就可以使教学内容符合农村小学生生活实际，更能让农村小学生在日常交际时运用英语课堂上所学的知识。

二、科学运用多媒体现代化资源

随着时代的发展，多媒体设备在农村小学英语课堂中的应用越来越广泛。目前，大多数广西农村小学已基本配备计算机、多媒体、互联网等现代化设备，但是大部分农村小学英语教师使用该类设备的能力有限，没能将这些设备发挥应有的用途。那么，广西小学英语教师该如何科学运用现代信息技术开发英语课程资源？对此，下文从两个方面加以具体分析。

（一）提高农村小学英语教师使用多媒体设备的能力

农村小学英语教师应提高使用多媒体设备的能力，运用多媒体设备促进学生学习英语的积极性。多媒体设备能够让英语教师的课件生动形象，对内容素材丰富多彩，使小学生十分感兴趣。英语教师要利用好小学生这一心理，积极使用多媒体等现代化设备改进自身英语教学方式。因此，教育主管部门和农村小学应重视对教师使用多媒体设备技能的培训，让农村小学英语教师对现代化教学手段有更深入的了解，提高英语教师在英语课堂上使用多媒体设备丰富教学资源的效果，以此促进农村小学英语教学质量的提升。在以往传统英语教学方式中，不论是讲解简单知识，还是讲解复杂的难点，都是教师通过口头讲解和板书的方式呈现。而多媒体设备能够通过各种各样的方法来降低抽象知识的难度，便于小学生接受，将枯燥乏味的知识点转化成生动有趣的视频和声音，以学生喜欢的方式将知识点呈现出来，既降低了学习难度，又吸引了小学生注意力，提高了小学生对英语学习的积极性。

（二）农村小学英语教师科学开发与利用互联网资源

互联网上有许多供英语教师选择的教学资源，如视频、动画、音频、图片还有网络课程等。可见，农村小学英语教师不受时间地点的限制，能通过互联网获取国内外最前沿的英语教学研究信息及小学英语优秀教学的范例，可以将互联网上的资源融入教学过程中，丰富小学生的英语学习内容，如英语教师可以在互联网上收集许多英语课程资源，如英语绘本、英语短文、英语听力素材、英语歌曲等有利于激发学生学习英语兴趣的各类资源。但由于互联网上的资源较为广泛，质量参差不齐，还需英语教师对互联网资源进行合理的筛选，方可用于英语课堂教学，以此来开阔农村小学生的眼界和思维，培养农村小学生的跨文化意识。

总的来说，农村小学英语教师需要提高自身运用多媒体设备进行教学的能力，不断学习多媒体设备的相关知识和技能，提升科学开发和利用多媒体、互联网资源的能力，丰富英语课堂的教学内容，提升学生学习英语的效果。同时，英语教师也应意识到，多媒体资源并不能完全取代英语教材内容。为此，英语教师应细心甄别多媒体课程资源，科学合理地将其利用于细心教学之中，提升农村小学英语教学效果。

三、充分利用校内校外环境资源

英语教学关键问题是让学生通过丰富的形式和各类渠道来接触英语和学习英语。广西农村小学英语课程资源比较缺乏，尤其缺乏英语书籍和电子资料，即便能在学校图书馆或资料室找到一些供英语教师作为小学英语课程资源开发的课外书籍，也是一些老旧、过时的书籍，这导致许多英语教师在备课时找不到恰当的英语教学资源。这不利于小学生学习英语，不能有效激发学生学习英语的兴趣。因此，农村小学英语教师应充分利用校内外环境资源，丰富农村小学生的英语学习形式和内容。校内环境资源通常包括教室资源、校园场所资源。教室是小学生接触的最多的场所，开发和利用教室资源有利于为小学生创造良好的英语学习环境。有相关实践研究表明，小学班级中的英语文化环境也是主要的英语课程资源。为此，广西农村小学应开设丰富多彩的英语活动，建设校园英语文化，拓展农村小学英语课程资源。对此，下文从充分开发与利用校园资源、开发和利用教室资源、积极开展系列英语教学活动、充分开发和利用校外的资源四个方面加以具体分析。

（一）充分开发和利用校园资源

充分开发和利用校园资源，让英语学习渗透在小学生的日常学习之中。其一，农村小学可以在教室、办公室、休息室、洗手间、操场等各种校内场所张贴英语挂饰牌，在走廊、公示板展示中英文对照的名人名言，在校园内悬挂英语指示牌，使小学生受到潜移默化的影响，让学生在不知不觉之中学到英语。通过日常渗透的方式，学生对英语会有熟悉感，降低学生英语学习的难度，激发学生学习英语的主动性和积极性。其二，可以利用校园广播的方式，在课间休息、上下学期间播放英语歌曲或是英文朗读音频等。

（二）开发和利用教室资源

农村英语教师应发挥自身创造力，巧妙地利用教室进行英语课程资源的开发。为此，可从如下三个方面着手。其一，英语教师可以利用教室某一角落建设英语特色区域，如可以利用教室后方的黑板，让学生自由创作，对每周所学的英语知识进行汇总，让学生用其感兴趣的方式巩固所学知识。其二，英语教师可以利用教室的空白墙面粘贴本周所学习的新单词和新对话，全班学生都能够注意到粘贴的英语知识，让学生在没有压力的情况下，无形之中形成记忆。其三，可以在教室后方摆放一个小书架作为英语特色图书架，摆放各种关于英语的图书，如英语绘本、英语诗歌集、英语报纸等，通过摆放学生感兴趣的读物，增加学生的借阅量，提高学生阅读英语的次数。

（三）积极开展系列英语教学活动

农村小学可依据学校的实际情况，结合本校学生的特点，积极开展系列英语活动，如举办英文歌唱大赛、英文电影观赏、英文朗诵比赛等，还可以在学校的文艺汇演中加入适量的英语歌舞剧或是英文歌曲演唱。这些活动不仅有利于学生英语综合语言能力发展，还能够有效激发学生英语学习的兴趣。

（四）充分开发和利用校外的资源

校外环境资源对小学生英语学习来说同样重要。农村小学和英语教师应积极开发校外资源作为课程资源的补充，为学生提供更加贴近生活实际的英语学习环境。但由于农村环境的特殊性，往往没有城市中的资源那么丰富。这对农村小学和农村小学英语教师来说是较大考验。

教学资源建设离不开课堂教学设备和课程资源的加持，下面从完善广西农村小学英语课堂教学设备、改进广西农村小学英语课程资源开发两个方面展开了分析。

一方面，完善的课堂教学设备能够更好地丰富广西农村小学英语教学资源，完备的课堂教学设备有利于提高教师教学的效率，也有利于提高学生学习的积极性。而广西农村小学英语课堂教学设备的完善需要各方的共同努力。首先，广西各级政府应当加大对农村小学英语教育的财政投入，确保农村小学英语课堂能够顺利开展；其次，各个农村小学应积极完善必要的英语课堂教学设备，提高教师教学效率；最后，农村小学英语教师应提高自身应用教学设备的能力，充分利用教学设备辅助课堂教学。

另一方面，改进广西农村小学英语课程资源开发，能够有效提升教师教学效果，扩大农村小学生学习英语的渠道。目前，由于农村小学教师对英语课程资源开发的价值认识不深以及农村小学英语课程资源短缺，广西农村小学英语课程资源开发受到制约。因此，积极改进农村小学英语课程资源开发，对提升广西农村小学英语教学资源建设实效性、提高广西农村小学英语教学质量有重要意义。那么，课程资源的开发并不是对单一方面进行开发，而是复杂而漫长的过程。针对改进广西农村小学英语课程资源开发的问题，有必要完善农村小学英语课程资源开发体系；优化人力方面课程资源，如教师资源、学生资源、家长资源以及校外人士资源；科学整合农村小学英语多方面课程资源，如教材资源、多媒体现代化资源以及校内外环境资源。

　　总之，在乡村振兴背景下，广西农村小学英语教学资源建设只有在政府、学校、教师和学生家长多方的共同努力下，才能取得成效。

第八章　全方位提升广西农村留守儿童英语学习的成效

　　自我国改革开放以来，现代化和城市化发展迅猛。随着这一进程加快，越来越多来自农村的青壮年进城务工。然而，由于受我国城乡二元结构体制影响，还有自身经济条件制约，大多数青壮年在外出务工时，无法将小孩带进城里读书，只能够将小孩留在家乡给父母照看，农村留守儿童这一群体就随之而生了。目前，虽然国家和地方各级政府也已经出台各项政策和措施，保障农民工子弟跟随父母到城市接受教育的权利，但是留在家中，由老人或亲戚照看的农村留守儿童仍然属于多数。在城乡英语教学发展本就不平衡的状况下，广西农村小学教学资源匮乏、师资力量薄弱、英语学习环境不佳，农村留守儿童英语学习问题显得尤为突出。对于广西农村留守儿童英语学习问题，在乡村振兴背景下，加大广西农村教育投入、加强师资队伍、改变家长陈旧观念等都成为改善农村留守儿童英语教育的突破口，这需要广西各级政府、农村小学以及家庭等多方面全方位努力才能得以解决。因此，农村小学生家长应尽可能为孩子提供良好的家庭学习环境；广西各级政府，特别是各级教育主管部门应发挥自身作用，帮助农村留守儿童解决英语学习困难；农村小学英语教师应把握留守儿童心理特点和认知水平，激发留守儿童对英语的兴趣；农村留守儿童自身也应提高自主学习英语的意识。

第一节　家长为广西农村留守儿童
提供好的家庭学习环境

　　家庭学习环境的创设，一直以来都是家长、教师需要解决的关键问题之一。良好的家庭学习环境和留守儿童英语学习习惯的养成、英语学习效率的提高、英语学习成绩的进步有着密不可分的联系。但由于广西农村的特殊环境和农村家庭的特定条件，大多数家庭不能够给留守儿童提供良好的家庭学习环境。因此，农村家长如何给留守儿童的课后学习创设一个良好家庭学习环境就显得尤为重要。

一、农村小学家长应营造和谐的家庭氛围

　　家庭是个人成长最基础的环境要素，也是一个由父母、子女组成的动力体系。这一动力体系中所形成简单而复杂家庭氛围，潜移默化地对个人产生影响。[①] 在人成长过程中，家庭氛围起着至关重要作用。良好家庭氛围能够促进孩子身心健康发展，和谐家庭氛围有助于孩子形成积极向上的学习态度以及良好的学习习惯。然而，就广西农村小学目前情况来看，留守儿童在成长过程中缺乏双亲关心和爱护，也因此缺少良好和谐家庭氛围。[②] 农村小学家长应意识到对孩子的教育不是仅仅停留在学校，家庭更是影响孩子形成良好英语学习习惯和拥有正确价值观的重要因素。因此，农村小学家长应尽可能营造和谐温馨的家庭氛围，让留守儿童深切感受到来自父母和家人的关心和爱护，体会到来自家庭的温暖。下面将从家长之间的关系和家长对孩子英语学习的关心两方面，分析家庭氛围对孩子的影响。

① 杨铖，刘建平. 家庭氛围对农村留守儿童心理健康的影响："养""育"割裂？[J]. 心理学探新，2017，37（4）：364–368.
② 吴俊，吴家丽. 农村留守儿童英语学习动机的现状及其对英语教学的启示：以广西玉林市兴业县四所留守儿童关爱学校为例[J]. 中小学英语教学与研究，2018（1）：29–33.

（一）家长之间应保持和谐稳定的关系

家长之间关系良好，对家庭氛围产生直接的影响，能够形成温馨的家庭氛围，对留守儿童身心健康发展起着尤为重要的作用。家长应多关心留守儿童学习生活的情况、生理发展和心理变化。一方面，在家照看留守儿童的家长，应尽可能每日关心留守儿童在学校学习的情况、与教师同学相处的情况，在得知情况后要及时与孩子进行有效沟通。如果发现孩子有表现不佳等情况，家长应进行正确的引导、纠正，而非打骂式教育。另一方面，在外工作的家长也应尽可能多关心教育留守儿童。家长除了赚钱养家糊口，供孩子上学，给孩子提供良好物质条件，也应对孩子进行教育和关心，经常与孩子通话，了解孩子生活、学习上遇到的困难。另外，外出工作的家长应充分利用春节、农忙时节的机会回到家中，保证与孩子沟通交流的经常性和有效性。

（二）多关心农村留守儿童的英语学习

和谐家庭氛围有助于增强留守儿童的自信心，有助于培养留守儿童积极乐观的性格，有利于促进留守儿童英语学习的成效，由此促进留守儿童英语学习的积极性，提高农村小学英语教学质量。由于广西农村留守儿童年龄和心智尚未成熟，处于养成学习习惯和形成价值观的关键阶段，广西农村小学家长应多关心留守儿童，积极了解留守儿童学习情况，配合学校教师的工作，了解留守儿童的生活情况，关注留守儿童的全面发展。

（三）为留守儿童树立学习榜样的形象

如果家长要求留守儿童认真学习完成作业任务，那么家长自身就必须认真工作，在生活中积极努力，为留守儿童树立学习榜样的形象。同时，在留守儿童学习时，家长不应在家吵闹喧哗，让留守儿童在安静的环境中学习，能够使其心静下来，提高学习英语的愉悦感。

二、农村家长应提供良好的英语学习环境

家中良好的学习环境能让农村留守儿童在学习英语时感到轻松愉快，使其加深对英语学习的兴趣。所以，农村小学家长应重视英语学习环境的

搭建，给留守儿童提供良好的英语学习环境。下面将从四个方面，分析家长如何激发留守儿童英语学习兴趣以及如何和为其创造良好的学习条件。

（一）支持留守儿童英语学习，激发其英语学习兴趣

家长应明确表示支持留守儿童的英语学习，激发留守儿童英语学习的兴趣。农村小学家长在日常与孩子沟通交流时，可以多询问孩子在学校英语课学了些什么内容。虽说大部分农村家长对英语没有太多了解，但可以通过询问孩子学了什么，再让孩子教自己，不仅可以增进家长与留守儿童之间的感情、建立亲密感，还能够从中鼓励留守儿童英语学习的积极性。当留守儿童英语学习有明显成效时，家长要给予适当奖励，激励留守儿童在学习英语方面继续努力。

（二）通过实际行动，为其英语学习创造有利的条件

条件允许的家长可购买一些实用的英语学习用具，为留守儿英语学习创造更多有利条件。例如：可以购置一些英语贴纸粘贴在家中的物品和墙上，让孩子在潜移默化中吸收英语知识；为孩子购买英语绘本、英语故事书、英语点读机学习机等有利于提高孩子英语学习兴趣的学习用品；充分利用手机、电脑等电子设备和网络资源，为孩子提供更为丰富的英语学习材料，让孩子在学校之外也能够接触到丰富多彩的英语知识，感受英语的魅力。家长通过这些实际行动，可以为农村留守儿童英语学习创造有利条件。

（三）努力拓宽留守儿童眼界，提升其英语学习兴趣

良好的学习环境是促进留守儿童英语学习的重要因素。目前，广西农村大多数家庭对于留守儿童学习环境的创建仍有很大的提升空间，家长应将英语学习当作孩子日常生活中不可或缺的事情，通过潜移默化的影响，提高留守儿童英语学习的积极性，提高孩子英语语言综合运用能力。因此，外出工作的家长可在寒暑假时，将留守儿童接到所在城市，感受和农村不同的环境，拓宽留守儿童眼界，感受现代化和国际化的发展，让留守儿童感受到学好英语是有用处的，让留守儿童感知英语学习的意义并不只是完成课业和考试，以此提升留守儿童英语学习的兴趣。

三、农村小学家长应转变陈旧的教育观念

农村留守儿童的家长包括外出打工的父母和在家中的祖父祖母，其父母由于外出打工没有时间和精力陪伴、教育孩子，而家中老人又缺乏教育观念，认为只要孩子去到学校、监督孩子写完作业就完成教育任务。根据前文调查结果显示，农村小学家长学历普遍较低，教育观念往往较为陈旧。大多数农村小学家长认为，学习英语除应付升学考试外，没有其他用处。更有家长认为，英语在日常生活中用不上，在劳动、工作中也用不上。即使有一部分家人十分支持孩子学习英语，但也是出于希望孩子今后能走出农村，能够接受高等教育和寻到一份体面的工作。诸如此类的教育观念势必会影响留守儿童对英语学习目的的理解，降低留守儿童对英语学习的兴趣。因此，农村小学家长应转变陈旧的教育观念，鼓励留守儿童学习英语，拓宽眼界，发展留守儿童的英语综合素质。下面从理论和实践两方面，分析家长如何转变自身陈旧的教育观念。

（一）农村小学家长应主动更新教育观念

为了孩子今后发展，家长应重新正视英语学习的重要性，在经济全球化和信息化发展的时代，英语作为一门语言，已成为学生必须掌握的重要工具。学好英语不仅能够增加留守儿童的自信心和成就感，还能够让其在日后的各种升学考试和竞争中取得胜利，从而将这些胜利转化为生产力，获得经济和精神上的富足。因此，家长应改变不重视留守儿童英语学习的陈旧观念，提高对留守儿童英语学习的期待值和支持度，在潜移默化中，让留守儿童认为学好英语能得到家长的认可，由此激发留守儿童学习英语的主动性。

（二）农村小学家长积极与学校教师联系

农村小学家长应积极与农村小学教师进行主动联系，积极参加家长会、学校交流会等，通过与学校、教师的不断沟通，提高自身对英语学习的认识，转变传统的教育观念。总的来说，大部分农村家长对留守儿童的英语学业成绩非常关注，但由于家长自身受教育程度、经济水平和文化背景的影响，对于英语学习的重视程度不及其他学科，这就导致农村留守儿童的英语学

习缺乏动机和积极性。对此，家长应积极更新自身的教育观念，重视留守儿童的全面发展，提高对留守儿童英语学习的重视程度。实践证明，只要农村小学家长能转变传统的教育观念，重视留守儿童全方面的发展，就有助于留守儿童英语能力的提升。

第二节　多管齐下调动广西农村留守儿童英语学习的积极性

英语学习是一个长期的过程，需要多方的合力。因此，提高广西农村留守儿童英语学习的积极性及英语学习成效，不能只靠英语课堂上教师的努力，也不是单单改善家庭环境就能够解决的。这需要从政府、学校、教师和学生个人等方面共同努力，多管齐下，调动广西农村留守儿童英语学习的积极性才能够达成[①]。

由于广西农村特殊环境以及留守儿童特殊的家庭环境，要提高留守儿童英语学习的积极性，单靠英语教师在课堂上的努力远远不够，还需要政府以及社会力量的加入，尽可能完善留守儿童英语学习的各项条件，才能够从根本上解决留守儿童英语学习的问题。下面将从政府、社会、学校、教师及家校合力五个层面，就如何解决农村留守儿童英语学习问题做具体分析。

一、政府层面关注农村留守儿童英语学习问题

政府应发挥自身职能作用，结合农村实际情况，关注并解决农村留守儿童英语学习问题。首先，在乡村振兴背景下，广西各级政府应加大对农村经济的建设。留守儿童英语学习积极性低的主要原因之一，是父母不在

---

① 姚小燕，谢伟. 乡村振兴背景下完善农村留守儿童教育的对策研究 [J]. 贵州师范学院学报，2021，37（12）：40-44.

身边，无法时常关心留守儿童的英语学习情况。因此，广西各级政府应加大对农村的建设投入，缩小广西城乡之间的差距，让农村富余劳动力无需外出打工也能谋生。通过农村经济建设，提高农民经济收入和生活质量，让更多留守儿童父母愿意留在农村发展，减少留守儿童父母外出，从根本上解决留守儿童问题。其次，广西各级政府及教育部门应加大农村小学英语教学的投入。广西农村由于经济水平不高、产业单一、文化水平落后等原因，导致英语学习环境不佳，农村留守儿童往往除在英语课堂上学习英语外，日常接触到英语的机会并不多。广西农村只有部分小学配备有语音室和多媒体教学设备，农村小学基础设施不像城市那样齐全，英语教材中所出现的生活场景在农村并不多见。因此，广西各级政府应加大对农村小学英语教学的资金投入，为农村留守儿童创造良好的英语学习条件。通过多媒体设备、互联网的完善丰富留守儿童英语学习的途径和方式，使其英语学习具有情境性和真实性，提高其英语学习的积极性，为农村留守儿童创造良好的英语学习条件。

二、社会各方力量支持农村留守儿童英语学习

增加社会对广西农村留守儿童的关注度，充分发挥社会各方力量为农村留守儿童英语学习提供物质条件。首先，可以动员社会各组织、个人对广西农村小学进行帮扶，捐赠有利于英语学习的物质资源，比如电脑、多媒体设备、英语图书等。其次，可以充分发挥大学生三下乡社会实践活动，让在校大学生尤其是师范生切身了解广西农村留守儿童英语学习的具体情况，为农村留守儿童英语学习献出自己的一份力量。

三、农村小学应营造浓厚的英语学习环境

在农村留守儿童英语学习的过程中，学校起着关键性作用，尤其是在广西农村，学校教育能够为家庭环境欠佳的留守儿童提供一个更加完善的受教育场所。要想学好英语，良好的语言环境和氛围尤为重要，但在广西农村几乎没有使用英语进行交流的机会。由于广西部分农村教育资源匮乏、教师资源不足、农村小学校园中缺少浓厚的英语学习氛围等问题，导致留

守儿童英语学习的主动性和积极性低。因此,广西农村小学应尽可能营造浓厚的英语学习环境。对此,下面从开发校本课程、开展课外活动、营造学习氛围三个方面,具体分析广西农村小学如何营造浓厚的英语学习环境。

(一)农村小学积极开发英语校本课程

广西农村小学应结合当地实际情况和本校学生的英语学习情况来开发英语校本课程。上文提到目前广西大部分农村小学使用的英语教材为人教版小学英语教材(三年级起点),也有一部分使用的是外研社新标准三年级起点教材。这两套教材中的大部分情境和语境的设计基于城市生活,与农村生活相差甚远,不利于广西留守儿童理解和感知真实的语境,阻碍其英语综合语言运用能力的发展。校本课程正是综合考虑本校学生的认知背景和学习学习需求,根据学校本身的环境、师资各方面实际情况,依据所处农村的经济水平和文化背景进行开发和设计的。设计贴近广西农村留守儿童实际生活的教学内容和知识,就能让广西农村留守儿童更好地感知英语学习的用处和意义,激发其英语学习的积极性。

(二)农村小学开展各类英语课外活动

广西农村小学应开展各类英语课外活动,为农村留守儿童创造更多开口说英语的机会,如学校可以通过英语朗诵比赛、英语讲故事大赛、英语歌唱比赛、英语知识竞赛等小学生喜欢的活动,使学生在竞赛中体会英语学习的快乐,以激发其英语学习的动机,提高留守儿童英语学习的积极性。学校还可以通过校园广播开设英语特色栏目,每日请一名留守儿童进行英语诗歌的朗诵、英语小故事的讲解播报。由此为留守儿童提供展现自己的机会,让其减少开口说英语的紧张感,从而逐渐不惧怕开口说英语。广西农村小学也可以开设英语角,利用课余时间开展丰富多彩的英语活动,为广西农村留守儿童创造使用英语的环境和条件,发展其多方面的综合能力。

(三)农村小学营造浓厚英语学习氛围

广西农村小学学生接触英语、使用英语的机会很少。所以,学校应通过营造浓厚的英语学习氛围,帮助学生学好英语,如学校文化英语化,首先,从农村小学校园大环境入手,应尽可能让学生在校园里大部分角落能看到英语;将星期、月份、季节、职业等英语单词贴在教学楼的阶梯上,学生在上下楼的过程中能看到不同的单词，并潜移默化地记在心中；同时，农村小学可以设置英语橱窗，实时更新各类英语趣闻和小故事等。其次是教室的小环境，在教室后面的墙上设置英语小专栏，写画结合；设置班级的英语图书角，陈列儿童故事、英语日常用语、单词、口语等英语读物供学生在课余时间阅读。同时，在课间通过广播播放英语儿歌，让学生在看到英语的同时听到英语，在浓厚的英语学习氛围中耳濡目染。

四、英语教师应激发留守儿童英语学习兴趣

小学英语教师是农村留守儿童英语学习的引导者，如果英语教师能够激发留守儿童英语学习的兴趣，则能有效提高广西农村小学英语教学质量。学习兴趣对于学生的学习成效来说起促进作用，学习兴趣高的学生在课堂上会更加专心听课，学习的主动性更强，只有学生对英语产生了强烈的兴趣，才能够保证学生持续学习英语。因此，广西农村小学英语教师应想方设法激发农村留守儿童英语学习的兴趣。下面将从为留守儿童设计英语课堂，了解留守儿童心理特征和家庭环境，降低留守儿童英语学习焦虑情感，为留守儿童创造愉快学习氛围四个方面，分析农村小学英语教师如何激发留守儿童英语学习兴趣。

（一）为留守儿童设计生动有趣的英语课堂

农村小学英语教师应改变传统的教学方式，设计出生动有趣的英语课堂。目前，大多数农村小学英语教师在英语教学过程中，仍然只关注英语考试成绩的好坏和教学任务的完成，而忽视了英语是一门具有工具性和人文性双重性质的学科，忽视了学生英语综合语言运用能力的培养，更别说是培养学生的学习兴趣了。这类教师的英语课堂往往采用的是传统的填鸭式教学方法，尽管这种教学方法使学生记住了英语知识，但并非真正理解了知识的内涵，这和义务教育阶段英语课程的目标背道而驰。因此，农村小学英语教师必须要更新英语教学模式和英语教学方法，如在教授小学三、四年级英语时，英语教师可以多采用能够激发学生兴趣的情境教学法和全身反应法，教授五、六年级时，英语教师则可以多采用任务型教学法和语篇教学法，让学生真实地体验到英语学习的乐趣和意义。此外，英语教师

还可以在课堂中设计各种各样的操练活动，活跃英语课堂的气氛，使学生感受学习英语的乐趣，而非机械化、无意义的操练。

（二）了解留守儿童的心理特征和家庭环境

由于留守儿童父母常年在外工作，只有春节等假期才能够与孩子团聚，这难免会让留守儿有孤单感，可能会导致留守儿童形成内向、自卑的性格。这不利于留守儿童身心健康发展，也会阻碍其英语学习能力提高。因此，农村小学英语教师不仅要关注学生在英语课堂上的表现，还应注重学生的生活状态和心理情感。农村小学英语教师可以定期与学生进行沟通交流，增加师生之间的感情互动，给学生信任感，从而帮助留守儿童树立英语学习的自信心。另外，由于父母外出工作后，大多数留守儿童英语学习没有人督促，导致部分留守儿童出现英语学习态度消极甚至是厌学等情况。针对此类情况的留守儿童，农村小学英语教师应对症下药，向留守儿童家长了解具体情况，积极开展劝导工作或加以适当的管束。

（三）降低农村留守儿童英语学习焦虑情感

农村小学英语教师应与留守儿童建立良好的师生关系，降低留守儿童英语学习上的焦虑情感。克拉申认为，影响语言学习的成果好坏主要是心理因素的区别，而心理因素主要为语言学习动机、焦虑情感和自信。语言学习者的学习动机越强，那么自信心就越强，焦虑感就越小，情感对语言输入的过滤作用也就越小，那么学习者就能够从中获得大量的语言输入，取得好的语言学习成效。学生因为不喜欢一位教师，就会不喜欢这位教师所教授的学科，这也是情感过滤假说的一种表现。由此可见，农村小学英语教师在与留守儿童日常接触中，应当与他们多沟通交流、打成一片，了解其兴趣爱好和内心想法，由此让留守儿童感受到来自英语教师的关怀和爱护。通过过滤留守儿童在英语学习中的焦虑情感，使其积极融入英语课堂，提升英语学习的积极性。

（四）为农村留守儿童创造愉快英语学习氛围

农村留守儿童大多比较害羞，加之日常不接触英语，导致不敢在英语课堂上积极发言和大声说英语。因此，农村小学英语教师要尽可能营造出轻松愉快的英语课堂氛围，逐步引导农村留守儿童积极在英语课堂上说英语，在日常中用英语。

五、家校合力培养农村留守儿童自主学习能力

《义务教育英语课程标准(2022年版)》对学习策略内容要求明确提出：学生对英语学习兴趣，乐于参与学习活动，根据需要进行预习，对所学内容主动复习和归纳，探索适合自己的学习方法，提升自主学习能力，逐步形成适合自己的学习策略。[①]可见，培养农村小学生的自主学习能力，不仅能够让小学生在以后英语学习打下坚实的基础，还能够提高农村小学英语教学的质量和效果。因此，英语自主学习能力培育对农村留守儿童提升学习效率和学业来说很重要。然而，城市小学生能够利用课余时间参加英语兴趣班等，由于农村特殊环境，农村留守儿童除了上学时间，基本上没有接触英语的机会。可见，农村留守儿童自主学习意识的培养是一个多方面的工程，需要家庭、学校、教师的共同努力。对此，下面将从家庭、学校、教师三方面，分析如何培养农村留守儿童自主学习能力。

（一）家庭方面

农村留守儿童通常是由家中老人抚养和看管。由于思想观念的影响，老人对农村留守儿童英语学习情况不甚了解，认为这是学校和英语教师该管的事情，对孩子英语学习不闻不问。这不利于农村留守儿童学习积极性的形成，也会影响农村留守儿童自我控制能力的养成。因此，广西农村留守儿童自主学习意识的培养，家庭是根本。为此，一方面，农村留守儿童父母及其他家长要深刻意识到，留守儿童英语学习需要学校和家长的共同努力，日常应监督留守儿童完成英语教师布置的作业，假期时应督促孩子进行英语复习、预习等，帮助留守儿童养成自主学习英语的习惯。另一方面，父母应多与孩子进行良好沟通，通过聊天的方式，告诉孩子养成主动学习英语和自我学习习惯的重要性。

---

① 中华人民共和国教育部. 义务教育英语课程标准：2022年版 [S]. 北京：北京师范大学出版社，2022.

（二）学校方面

　　基础设施和基本物质基础是农村留守儿童学习英语的前提条件。因此，学校应尽可能完善校内的英语教学设施，缩小农村小学和城市小学之间的差距。农村小学应积极提供学生自主学习英语时所使用的书籍和资料，有条件的学校还可以设立自习室，为农村留守儿童提供良好的自主学习场所，从而提高其英语自主学习的能力。

（三）教师方面

　　农村小学英语教师应引导留守儿童培养自主学习英语能力的意识。首先，英语教师应改变原有的灌输式教学观念，采用启发式的、让学生自主探索问题、寻求答案的英语教学方法，让学生充分发挥主动性。其次，农村小学英语教师应创新英语课后作业的布置。如果按照传统的英语作业，则是抄写单词和课文对话、背诵单词和课文，这种作业枯燥无趣，势必降低留守儿童英语学习的兴趣。因此，英语教师应布置引导留守儿童自主探索、寻求答案的课后作业，才能引起他们好奇心激发其兴趣，又能让他们在自主学习的过程中学到知识，体验到自主学习的成功和快乐。总之，广西农村留守儿童英语学习积极性的提高，需要学校、教师、家长的共同努力，保证留守儿童英语学习富有成效。

　　农村留守儿童英语学习成效不仅关乎其学业成就及未来的发展，还关系到乡村振兴的有效推进，同时也影响着我国教育事业的稳步前进。因此，农村留守儿童英语学习问题值得全社会的关注，只有通过社会、政府、学校、教师、家庭全方位的关注，多管齐下，才能让农村留守儿童接受到良好的英语教育，提高其英语学习的成效。

第三节 广西农村留守儿童英语学习动机提升的对策①

近年来，留守儿童这个特殊群体已经引起广西壮族自治区各级党委、政府和社会各界的广泛关注。本研究第一章第六节分析显示，广西农村留守儿童占农村的孩子比例已超过 50 %。农村留守儿童在成长过程中，由于身边缺乏父母的监管，从而造成家庭教育、学校教育等方面存在或多或少的问题。进入 21 世纪以来，我国小学已经普遍开始开设英语课程，但一些农村小学并不很注重小学英语教学。那么，农村留守儿童英语学习情况如何？为此，本节采用高一虹的调查问卷②，以广西玉林市兴业县 4 所（山心镇留守儿童关爱学校、北市镇留守儿童关爱学校、龙安寺留守儿童关爱学校及卖酒镇留守儿童关爱学校）农村留守儿童关爱学校共计 550 名六年级学生的英语学习为研究案例，根据英语学习动机理论，运用问卷调查、对比分析等研究方法，对农村留守儿童英语学习动机现状及其原因进行分析，并就提高农村留守儿童学校英语教学质量提出相应的对策，为解决农村留守儿童因缺乏学习动机而对英语产生厌学情绪等问题提出应对的措施。

一、英语学习动机的相关理论

（一）核心概念

关于英语学习动机，学术界已经做出相应的界定。Ellis 认为，英语动机是学习者在学习英语时因需要或愿望而做出的努力③。Pintrich 和 Schunk 认为，动机是激励和保持学生对目标的把握的过程，是一个动态的过

---

① 本节系根据笔者吴俊论文《农村留守儿童英语学习动机的现状及其对英语教学的启示——以广西玉林市兴业县四所留守儿童关爱学校为例》（《中小学英语教学与研究》2018 年第 1 期）适当修改.

② 高一虹. 中国大学生英语学习社会心理：学习动机与自我认同研究 [M]. 北京：外语教学与研究出版社，2004.

③ ELLIS R.Understanding second language acquisition [M]. Oxyord: Oxford University press，1994.

程。[①]Williams 和 Burden 认为，动机是一种认知和情感的觉醒状态，学习者有意识地做出决定以达到特定的目标。[②]文秋芳认为，英语学习动机可以简单地理解为学习英语的原因和目的。[③]上述诸位学者关于英语学习动机的界定表明，英语学习动机是学习者本人内在的、为实现学好英语所具有的愿望。基于此，本节将英语学习动机界定为，在英语学习过程中直接促进学生英语学习的动力。换言之，英语学习动机可以促进学生学习英语，以达到一定的目的。在英语学习中，动机可用来达到预设的目标。由此可见，在英语学习中，动机是不可或缺的。

（二）主要类型

小学生的学习动机受社会生活条件和教育的影响，并在其影响下逐步形成，不同的社会环境和教育对小学生有着不同的要求，小学生的学习动机是复杂多样的，主要分为三组：内在动机和外在动机、直接动机和间接动机、主动动机和辅助动机。[④]学术界已有的关于农村留守儿童研究的成果表明，上述关于学习动机分类中，第一种动机，即内在动机和外在动机更符合农村留守儿童英语学习的实际情况。内部动机是指小学生不需要外界的诱因、惩罚来使行动指向目标。小学生的内部动机包括兴趣、求知欲等。内部动机清晰的小学生积极参与学习过程。他们好奇心强、喜欢挑战，解决问题具有独立性，而且能从学习中获得很大的充实感和满足感。外部动机是指学习动机由外部诱因引起。他们自觉学习是为了得到奖励或取悦教师、避免家长责罚等。小学生，尤其是低年级的小学生对学习的兴趣更多来自教材、教师的教学方法或者是为了提升自己在教师和同学眼中的地位等外部动机。为此，以下将着力分析农村留守儿童英语学习的内在动机和外在动机。

① PINTRICH P R, SCHVNK DH.Motivation in education：Theory, research and applications[M]. Prentice Hall regents, 1996.

② WILLIAMS M, BURDEN R L. Psychology for language teachers:A social constructivist approach[M]. Cambridge University Press, 1997.

③ 文秋芳. 英语学习策略论：献给立志学好英语的朋友 [M]. 上海：上海外语教育出版社, 1996.

④ 冯维. 小学心理学 [M]. 重庆：西南师范大学出版社, 2013.

（三）影响因素

影响英语学习动机的因素由内部因素和外部因素组成，内部因素则因小学生的年龄特点、小学生的志向水平和小学生的个别差异而存在一定差异。[1]

首先，不同年龄段的小学生学习动机不尽相同。小学生年龄特征是指不同年龄阶段小学生的学习动机不同。低年级小学生的学习动机主要以获得奖励、得到表扬等外部动机为主，内部动机的作用则较为微弱和短暂。小学高年级的学生已经产生了求知等内部或长远动机，学习动机的作用逐渐稳定和持久。随着小学生年龄和知识经验的增长，动机因素的作用越来越明显，并对他们的学习起着重要的作用。

其次，志向水平反映了小学生的理想，制约着学习动机和目标结构的形成。如果小学生志向水平比较高，会增强其学习动机并使该学生勤奋学习。相反，如果小学生志向水平低下，往往对学习缺乏兴趣，害怕困难。

最后，由于每个小学生的性格、兴趣爱好、需要和认知方式等各不相同，其学习动机的强度和水平也不同。良好的意志品质和性格有助于小学生形成稳定学习动机。研究表明，在小学阶段女生的成就动机往往比男生高。

外部影响因素又称为诱因。外部因素包括家庭环境，学校环境和社会舆论。[2] 小学生学习动机的形成受社会生活条件和教育的影响。在许多情况下，社会要求是通过家庭和学校教育提出来的，对低年级小学生更是如此。小学生的学习动机大多体现了父母的价值观、态度和要求，所以父母的期望和管教对孩子学习动机的影响非常大。而学校是对学生实施教育的专门机构，学校激励学生，使学生能形成良好稳定的学习动机，从而促进小学生的健康发展。在学校教育中，教师是直接影响因素，起着巨大的作用。教师的榜样作用是小学生动机形成的直接诱因。社会舆论对个体的行为有着指导作用。舆论有正确和错误之分，正确的舆论能激发学生积极的学习动机。

① 冯维. 小学心理学 [M]. 重庆：西南师范大学出版社，2013.

② 冯维. 小学心理学 [M]. 重庆：西南师范大学出版社，2013.

二、广西农村留守儿童英语学习动机的现状

笔者对问卷调查收集的数据进行了描述性统计，数据统计结果如表16所示。通过统计数据，我们可以了解广西农村留守儿童的英语学习动机的现状。

表16　动机因素的描述性统计

	数量	最小值	最大值	平均值	标准偏差
兴趣	550	1.00	5.00	2.2773	0.75049
学习情况	550	1.00	4.20	2.1582	0.58611
个人发展	550	1.00	5.00	2.4444	0.69528
动机行为	550	1.00	9.00	2.6585	0.66786
外部需求	550	1.00	5.00	2.7539	0.80127
焦虑	550	1.33	6.67	3.4879	1.10185
总评均值	550	1.00	4.61	2.6294	0.44237

如前文所述，求知动机包括情绪和其他心理，如兴趣、焦虑等；小学生的动机行为及个人发展属于成就动机；交往动机是指外部需求和学习情况。各项动机平均值在2.5及其以上则表明动机明显，动机平均值在2.5以下则表明动机不清晰。表16的数据显示，广西农村留守儿童缺乏明确的求知动机，成就动机不明显，交往动机不清晰。对此，下文将做简单的描述。

（一）学习动机性别差异

男女生英语学习动机的描述性系统结果如表17所示，由表17可见，农村留守儿童男女生在英语学习动机方面存在显著的差异。尽管男女生的兴趣、学习情况、成绩、外部要求等方面的均值标准误差分值小于0.05，但男生的兴趣等六种动机因素的平均分值均高于女学生，且男生总平均值也高于女生。这就说明，在广西农村留守儿童这个群体当中，男生的英语学习动机略高于女孩的英语学习动机。

表17　男女生英语学习动机的描述性统计

分组统计					
	性别	数量	平均值	标准偏差	均值标准误差
兴趣	男	264	2.4100	0.76720	0.04722
	女	286	2.1547	0.71443	0.04225
学习情况	男	264	2.2545	0.62329	0.03836
	女	286	2.0692	0.53544	0.03166
个人发展	男	264	2.4742	0.67948	0.04182
	女	286	2.4168	0.70963	0.04196
动机行为	男	264	2.6826	0.63820	0.03928
	女	286	2.6364	0.69449	0.04107
外部需求	男	264	2.6402	0.78088	0.04806
	女	286	2.8590	0.80684	0.04771
焦虑	男	264	3.4912	1.15027	0.07079
	女	286	3.4848	1.05721	0.06251
总评均值	男	264	2.6461	0.46312	0.02850
	女	286	2.6139	0.42254	0.02499

表 17 的数据说明，广西农村留守儿童男生和女生的学习情况有些许差异。男生的平均值高于女生。可见，在这些留守儿童中，男生对他们的学习情况更加满意。女生对外界的情况更加敏感，她们更需要教师的关心和家人的关注。从表 17 可以看出，女生焦虑的平均值超过了 3。这意味着女生更注重她们的学习成绩，女生更容易受外部因素的影响。换句话说，农村留守儿童中的女生普遍迫于外界压力而学习。总之，女生在英语学习方面的动机较低。因此，教师应更多地关注女生，关心她们的心理变化，父母应也该纠正自身对女生的态度并且鼓励女生学习。

（二）缺乏明确求知动机

Williams 和 Burden 认为，动机是一种认知和情绪的觉醒状态。[①]一般来说，动机平均值大于等于 2.5 即表明动机明确，小于 2.5 则为不明确。表 17 中关于兴趣的平均值，男生为 2.4 左右，女生为 2.1 左右。这说明，农村留守儿童对英语不感兴趣。同时，男女生焦虑平均值均超过 3.4。这表明，农村留守儿童缺乏明确的求知动机（兴趣及焦虑）。究其原因，一方面由

---

① WILLIAMS M, BURDEN R L. Psychology for language leachers: A social wnstructivist approach[M]. Cambridge University press，1997.

于在小学阶段，农村留守儿童使用英语范围极为有限，由此导致他们意识不到小学阶段学习英语的重要性，从而使得他们没有明确的英语学习目标；另一方面随着英语教材的内容不断增加，农村留守儿童对英语学习越来越感到恐惧和厌倦，甚至失去了学习英语的信心。

（三）成就动机很不明显

动机是一种内在的心理状态，引导人们朝着一定的学习目标前进。[1] 换言之，有明确学习目标的学生，就会有明显的学习动机。平均值在 2.5 以上，则表明该学生有明确的学习动机；平均值在 2.5 以下，则表明该学生学习动机不明确。从表 16 来看，农村留守儿童个人发展的平均值不到 2.5，动机行为平均值达 2.6。这说明，留守儿童的成就动机不明显，尽管他们渴望成功，却达不到目标。由此可见，留守儿童在英语学习上表现不太好，他们的英语学习成绩普遍都不高，他们不在乎自身的英语学习成绩，也不会设法提高英语成绩，只是被动地日复一日地进行课堂英语学习。在他们看来，英语学习与未来发展关系不大。

（四）交往动机很不清晰

我们知道，不同的环境和不同的教育对学生有不同的要求。从表 16 可以看出，留守儿童的外部需求的平均值大于 2.5，学习情况的平均值达 2.1。外部需求平均值大于 2.5，表明留守儿童外部需求比较大，需要得到外部的肯定。学习情况平均值均小于 2.5，学习情况受外部需求的影响大。这就说明，留守儿童还不够成熟，交往动机（外部需求及学习情况）不清晰。

三、广西农村留守儿童缺乏英语学习动机的根源

（一）缺乏英语学习兴趣

Williams 和 Burden 认为，学习者的动机是出于某些原因。[2] 兴趣的平均数值高于 2.5，则表明兴趣高；兴趣的平均数值低于 2.5，则表明兴趣低。

---

[1]　冯维. 小学心理学 [M]. 重庆：西南师范大学出版社，2013.

[2]　WILLIAMS M, BURDEN R L. Psychology for language teachers[M]. Cambridge University press，1997.

由表16可以看出，留守儿童英语学习兴趣的平均值小于2.5，说明农村留守儿童对英语学习不感兴趣。兴趣是英语学习中一个极为重要的因素。常言道：兴趣是最好的老师。如果缺乏兴趣，要学好英语是很困难的。如果农村留守儿童对英语学习缺乏兴趣，没有明确的求知动机，就会导致他们厌学等一系列问题。

（二）缺乏英语学习信心

个人发展平均值高于2.5则表明自信心强，反之，个人发展平均值低于2.5则表明自信心低。从表16来看，留守儿童个人发展的平均值不到2.5。这说明，留守儿童对学习英语缺乏自信心。留守儿童对英语学习缺乏信心又导致他们讨厌学习英语；英语成绩差使得他们不主动也不愿意学习英语，甚至认为自己不能学好英语。这样，就会造成一个恶性循环：农村留守儿童英语学习缺乏自信，导致他们不想学英语，这使得英语学习成绩难以提高。

（三）无明确的学习目标

焦虑平均值达到2.5及以上则为焦虑值高，焦虑平均值在2.5以下则为焦虑值低。表16的数据中焦虑的平均值为3.4879。这个分值太高了，说明农村留守儿童在英语学习中会有焦虑的感觉。他们对英语学习持消极的态度，所以大多数留守儿童没有明确的学习目标。Pintrich和Schunk认为，动机是激励和保持学生对目标的把握的过程。[1] 由于留守儿童没有明确的目标，更不知道如何学习英语，他们并没有意识到英语学习的重要性，也不相信英语学习有实际的作用，从而持着消极的态度去学习英语。事实上，那些对英语学习抱着消极态度的留守儿童，学习成绩也是不理想的。

（四）学校及家庭的忽视

外部需求即意味着留守儿童在乎父母和教师的关注度。外部需求平均值高于2.5即为数值高，反之，外部需求平均值低于2.5即为数值低。从表16可以看出，农村留守儿童外部需求的平均值是2.7539。这意味着农村留守儿童过于在乎父母及老师的关注度。有些小学及教师并不注重留守儿童的英语学习，在留守儿童消极对待英语学习的时候，并没有及时做出相应

---

① PINTRICH P R, SCHUNK D H. Schunk.Motivation in education：Theory, research and applications[M].Prentice Hall regents, 1996.

的措施来引导这些留守儿童。

我们知道，大多数的农村小学英语学习环境不理想，缺乏优秀教师。表16及表17关于学习兴趣的数据显示，农村留守儿童不喜欢英语教师和英语课堂。表16的数据中，学习情境的平均值为2.1582。这说明，学习能力差的留守儿童英语学习动机最弱。但大部分教师没能正确引导学生的这种行为。有些家长功利心强，他们认为学习英语是没有用的。在他们看来，赚钱养家更重要，所以他们对孩子的成绩并不在意。

四、提升广西留守儿童英语学习动机的对策

（一）加强学校的重视和强化家庭的角色

学校和家庭也是影响学生英语学习动机的重要因素之一，换言之，学校和家庭也是影响学生英语学习动机的一个不可或缺的因素。表16显示，留守儿童很在乎家长和教师的关注。可见，加强学校对英语教学的关注度，对引导留守儿童英语学习起到重要的作用。因此，小学重视英语教学，注重培养优秀的英语教师，并为英语教学引入更先进的学习设备及有趣的英语故事书，这样方可提高留守儿童对英语学习的兴趣。

对于家庭而言，尽管留守儿童的父母亲远离家庭，但也要设法为留守儿童营造良好的家庭英语学习环境。父母亲通过打电话或者视频聊天等途径，多关注留守儿童的学习和生活，多鼓励留守儿童，让孩子有更明确的学习动机，更加坚定学习英语的信心。

（二）努力激发留守儿童英语学习的兴趣

表16显示，大多数留守儿童对英语学习不感兴趣。因此，对于留守儿童而言，首要的是要培养这些孩子学习英语的兴趣，使他们有明确的求知动机并喜欢英语课。为此，英语教师必须要创造一个良好的学习英语的环境。英语教师在上课时候要注意课堂设计类型的多样化和课堂活动的多元化等，让英语课变得有趣，这样才能有效吸引留守儿童的注意力，在潜移默化中培养留守儿童对英语的兴趣。此外，适当增加留守儿童课余接触英语的机会也是很重要的。例如，读儿童的英语读物，给他们听英语歌，看英语电影，等等。

（三）让留守儿童熟知英语学习的重要性

龚亚夫指出，早期外语教育是有益的。[①] 很多家长和他们的小孩都觉得英语学习不重要。表 16 说明，大多数农村留守儿童对英语学习持消极的态度。他们并没有意识到英语课程的重要性，也不相信英语学习有实际的作用。有鉴于此，学校及英语教师要意识到英语学习的重要性，让留守儿童及其家长都明白，对留守儿童来说学习英语是非常有必要的，要让他们知道英语学习对学生的未来发展起着不可或缺的作用。

（四）让留守儿童明确小学英语学习目标

表 16 数据显示，受调查的学生焦虑值较高，换言之，学生在英语学习中有焦虑的情绪，没有明确的学习目标。Williams 和 Burden 认为，动机驱使学生做出决定，以达到一定的目标，并不断地努力学习。[②] 所以，对于学生来讲，明确学习目标很重要。为此，首先要引导留守儿童清楚自己想要什么，明确自己的学习目标，才能让学习活动有方向和动力。其次，让留守儿童知道自己为什么上学，弄清楚了原因才能让他们清楚学习英语的意义。如果留守儿童明确了自己学习英语的目标，才能在这个基础上对英语学习进行更好的规划。

（五）结论

本章第一节从家长层面阐述了如何为广西农村留守儿童提供良好的家庭学习环境，如家长应营造和谐的家庭氛围，提供良好的英语学习环境，转变陈旧的教育观念。

第二节从政府、家庭、学校、教师等角度出发，阐述了如何调动广西农村留守儿童英语学习的积极性。例如：政府社会应创造留守儿童英语学习条件；农村小学应营造浓厚的英语学习环境；英语教师应激发留守儿童英语学习兴趣；家庭、学校、教师应共同合作，多方面培养农村留守儿童的自主学习能力。教育作为人才培育的根本，我们要实现乡村振兴，必须把农村教育放在重要位置，而英语教育在农村教育中又是薄弱点。所以，

---

① 龚亚夫. 英语教育新论：多元目标英语课程 [M]. 北京：高等教育出版社，2015.

② WILLIAMS M, BURDEN R L.Psychology for language teachers [M].Cambridge University press, 1997.

提高农村留守儿童英语学习的成效迫在眉睫。

　　第三节根据英语学习动机理论，对留守儿童英语学习动机做了相关研究。研究表明，留守儿童的英语学习动机是随着年级的上升逐渐达到一定程度，但他们的动机是不稳定的；男生比女生对英语学习更感兴趣；缺乏学习动机的留守儿童充满困惑，没有学习英语的愿望；学习动机清晰的留守儿童比没有明确学习动机的留守儿童更容易取得好成绩，也就是说，有强烈动机的留守儿童在英语学习中很容易做得更好。因此，如何提高学习动机是许多教师应关注的问题。

结　语

一、研究结论

2018 年 1 月 2 日，中共中央、国务院印发《关于实施乡村振兴战略的意见》，指出实施乡村振兴战略的总体要求之一就是坚持农业农村优先发展，加快推进农业农村现代化。因此，作为农村发展重要组成部分的农村小学教育事业的发展，也受益于乡村振兴战略，我国农村教育事业发展也由此获得更多发展机会。为更好了解、把握广西农村小学英语教育的基本情况，本研究通过问卷调查、访谈等方法，深入了解了广西农村小学英语教学现状，发现了农村小学英语教学主要存在的问题有：农村小学英语教师队伍结构不合理；英语教材不切合农村小学生的需要；农村小学英语课堂教学质量不高；农村小学英语教学的评价方式单一；农村小学英语教学所需的资源匮乏；农村留守儿童英语学习兴趣不浓厚。

针对上述的问题，本研究结合乡村振兴战略及《义务教育英语课程标准（2022 版）》的相关要求，针对性地提出了如下对策：①建设一支结构合理的广西农村小学英语教师队伍；②合理选用适合广西农村小学英语教学实际的教材；③在英语口语教学、词汇教学以及听力教学等方面有效提升广西农村小学英语课堂教学质量；④科学有效地完善广西农村小学英语教学的评价机制；⑤加快提升广西农村小学英语教学资源建设实效性；⑥全方位提升广西农村留守儿童英语学习的成效。希望这六个建议能为广西各地教育行政主管部门今后加快发展广西农村小学英语提供参考，为广西农村小学英语教师进一步改善、提升广西农村小学英语的教学质量提供借鉴。

二、研究不足

本研究通过问卷调查法和访谈法，发现了广西农村小学英语教育存在的问题，并针对性地提出了解决问题的对策。这些对策对于有效提升广西农村小学英语教学质量有一定的参考价值，但因笔者自身研究水平有限，还存在一些不足，走访的学校样本过小，参与问卷调查的领导及一线教师人数较少，问卷数据的处理不够全面、科学，所提出的对策尚缺乏实践加以检验，其可行性有待进一步论证。

三、研究展望

尽管本研究还存在不足之处，但基本研究对于解决广西农村小学英语教学存在的问题提供了一定的思路，所提出的对策为有效提升广西农村小学英语教学质量具有一定的参考价值，希望本研究提出的相关对策能在今后运用到广西农村小学英语教学中，让广西农村小学英语教学问题得到切实改善。

后　记

　　回想本书的选题及写作历程，"为何要关注农村小学英语教育的相关问题"这个问题总在我脑海浮现。事实上，近10年我一直都在关注广西农村小学英语教育相关的学术问题。2012年5月，我到广西一所全寄宿制的民办学校，看到一群小学生拿着饭盒冲向食堂。后经了解，这所学校大部分学生为留守儿童。此后，我开始关注农村留守儿童的学习，尤其是留守儿童学习英语的情况。2015年5月，我获得由南宁师范大学教务处批准立项基础教育课题一项，即《农村留守儿童英语教学模式构建研究》。2016年10月，我到玉林市兴业县看望定岗支教的实习生。为做好这项课题的研究，借此机会，我到兴业县4所留守儿童学校进行课题调研，由此获得关于农村留守儿童英语学习的第一手资料。基于这些资料，我完成并发表学术论文《农村留守儿童英语学习动机的现状及其对英语教学的启示——以广西兴业县4所留守儿童学校为例》（《中小学英语教学与研究》2018年第1期）。

　　及至2018年6月，南宁师范大学初等教育学院聘请我担任该学院小学教育硕士点英语方向的负责人。同年，我开始招收指导小学教育硕士英语方向的研究生。于是，我开始更关注小学英语教育相关的学术问题。2019年暑假，我完成一篇关于小学外语教育的学术论文《我国小学外语教育发展的历史探索》。2020年3月，论文《我国小学外语教育发展的历史探索》在《中小学英语教学与研究》（2020年第2期）发表。2020年9月，我应百色学院继续教育学院之邀，为来自广西各地的小学英语教师做了专题讲座。在讲座短暂的课间休息之余，我和几位农村小学英语教师做了交流，这为我了解广西农村小学英语教育提供了更多便利。

　　2021年2月，我受聘担任广西首届基础教育教学指导委员会义务教育外语教学指导专委会委员。恰好在这个时候，设立于南宁师范大学的广西

教育现代化与质量监测研究中心 2021 年开放课题开始招标。作为广西基础教育教学指导委员的专家，我理应更多关注广西农村小学英语教育的相关问题。鉴于此，我向广西教育现代化与质量监测研究中心申报课题《广西农村小学英语教学质量现状调查及对策研究》并获得批准立项。

为如期完成课题《广西农村小学英语教学质量现状调查及对策研究》的研究工作，我和课题组其他成员根据课题申报书设计的任务，一方面先做好课题研究的前期工作，包括课题研究所需的问卷调查表、访谈提纲等，再通过网络平台进行问卷，获取课题研究需要的第一手数据。另一方面，课题组实地走访了三所农村小学，与小学领导及英语教师交流。在课题《广西农村小学英语教学质量现状调查及对策研究》数据收集过程中，课题组得到崇左市教育科学研究所赵曼岭老师、贵港市港南区八塘街道中心学校黄艳老师、桂平市金田镇太平天国金田起义纪念小学黄守章校长、桂林市全州县光明完全小学唐莉凤老师、钦州市钦北区平吉镇平沙小学谢文荒老师等多位老师的大力支持。在课题问卷的数据整理、统计分析过程中，南宁师范大学初等教育学院 2019 级硕士研究生陈磊，2020 级研究生刘阳红、黄海燕、吴孟杰、李莎莎，均提供了大力的支持。2022 年 1 月，课题组提交《广西农村小学英语教学质量现状调查及对策研究》结题报告并获准结题。在此，衷心感谢以上为课题《广西农村小学英语教学质量现状调查及对策研究》的研究提供帮助的所有老师、学生。

2022 年 3 月，教育部印发《义务教育课程方案和课程标准（2022 年版）》。为更好落实义务教育阶段新课标的要求，有必要加强义务教育阶段小学英语教育相关问题的研究。鉴于此，我以课题《广西农村小学英语教学质量现状调查及对策研究》研究报告为基础，结合义务教育新课标的要求，专题研究广西农村小学英语教学问题。在本书撰写过程中，贵港市港南区八塘街道中心学校黄艳老师，南宁师范大学初等教育学院 2021 级研究生凌夏林、黎柯仪、廖冬嫦，2018 级本科学生邓歆、王郡桃、韦金艳、姚彬彬等，帮助我收集整理大量资料，做了许多基础工作。在此，真诚感谢以上为本书完成提供帮助的所有老师、学生。

参 考 文 献

一、专著

[1] ELLIS R.Understanding second language acquisition[M].Oxford:Oxford University press，1994.

[2] PINTRICH P R, SCHUNK D H. Motivation in education：Theory，research and applications[M].Prentice Hall regents，1996.

[3] WILLIAMS M, BURDEN R L. Psychology for language teachers:A social constructivist approach[M]. Cambridge University press，1997.

[4] 冯维. 小学心理学[M]. 西南师范大学出版社，2013.

[5] 中国大学生英语学习社会心理课题组，高一虹，等. 中国大学生英语学习社会心理：学习动机与自我认同研究[M]. 外语教学与研究出版社，2004.

[6] 龚亚夫. 英语教育新论：多元目标英语课程[M]. 高等教育出版社，2015.

[7] 吉桂凤. 思维导图与小学英语教学[M]. 北京：教育科学出版社，2015.

[8] 黎茂昌，蓝卫红. 小学英语教学论[M]. 武汉：华中师范大学出版社，2016.

[9] 李文玲，舒华. 儿童阅读的世界[M]. 北京：北京师范大学出版社，2016.

[10] 鲁子问. 小学英语教学设计[M]. 上海：华东师范大学出版社，2018.

[11] 王斌华，王洪伟，等. 英语教师课堂教学规范评价指标体系：研制与解读[M]. 上海：上海外语教育出版社，2018.

[12] 文秋芳. 英语学习策略论：献给立志学好英语的朋友[M]. 上海外语教育出版社，1996.

[13] 禹明，卢福波，梁祝. 小学英语教学评价[M]. 长春：东北师范大学出版社，2004.

[14] 张华. 课程与教学论[M]. 上海：上海教育出版社，2000.

二、期刊论文

[1] 柏林丽. 浅谈在农村小学英语教学中渗透核心素养的策略[J]. 读写算，2021（28）：59–60.

[2] 陈敏华. 兼顾过程与结果：浅谈英语教学中的形成性评价与终结性评价[J]. 校园英语（教研版），2012（11）：47.

[3] 陈绍红. 英语教学中的形成性评价与终结性评价[J]. 宿州教育学院学报，2006（2）：84–86.

[4] 陈水英. 地方高校助力农村小学英语教育研究[J]. 海外英语，2021（20）：205–206.

[5] 程明喜. 培育以教师学习为核心的校本培训文化[J]. 人民教育，2019（07）：67–69.

[6] 程英玉. 如何在小学英语教学中将终结性评价和形成性评价相结合[J]. 中国校外教育，2013（34）：80；96.

[7] 邓雪梅. "以读促写"英语写作教学模式的探究[J]. 广西教育，2022（10）：53–55.

[8] 段兆兵. 课程资源的内涵与有效开发[J]. 课程·教材·教法，2003（3）：26–30.

[9] 冯莉，张作岭，杨延刚. 情境教学法在小学英语教学中的应用调查研究[J]. 吉林省教育学院学报（上旬），2013，29（3）：56–57.

[10] 葛丽媛. 浅谈小学英语形成性评价[J]. 科教文汇（中旬刊），2013（11）：140–141.

[11] 郭小纯. 广西农村小学英语教学现状及应对策略：岑溪市某小学英语教学情况调查与分析[J]. 桂林师范高等专科学校学报，2018，32（5）：76–79.

[12] 何冬秋，杨琳琳. 边疆民族地区农村小学留守儿童英语学习存在的问

题与对策研究：以广西崇左市为例[J]. 海外英语，2021（8）：3-4；34.

[13] 黄河洲. 边远地区农村小学英语教学存在的问题及解决对策：以广西西部某县调查情况为例[J]. 广西教育，2021（13）：12-14.

[14] 黄淑芬. 如何利用课后小组合作学习活动助力农村小学英语教学[J].中国校外教育（上旬刊），2018（7）：96.

[15] 黄涛，玉峰. 广西农村小学英语课程的教学现状分析[J]. 新课程研究（下旬刊），2019（02）：37-38.

[16] 黄章鹏. 加强农村小学英语教师队伍建设的对策思考：以广西为例[J]. 知识经济，2016（3）：128；130.

[17] 基础教育课程改革纲要（试行）[J]. 云南教育（视界综合版），2009（3）：7-9.

[18] 李春美. 重在实效的教师培训方式探索[J]. 湖州师范学院学报，2002（5）：105-109.

[19] 李妍. 关于学校基础设施建设管理的几点思考[J]. 知识经济，2012（11）：48-49.

[20] 李长吉，张雅君. 教师的教学反思[J]. 课程·教材·教法，2006（2）：85-89.

[21] 林冰冰，张贤金. 混合式教师培训的困境与进路[J]. 中小学教师培训，2021（8）：5-9.

[22] 刘芳琼. 广西农村小学英语教育资源信息化建设的新思考[J]. 中国教育技术装备，2015（12）：62-63.

[23] 刘秀. 基于核心素养背景的小学英语阅读课教学实践与研究[J]. 读写算，2022（8）：138-140.

[24] 卢丽华. 中小学教师教育理论素养培育：理论基础与策略创新[J]. 现代教育管理，2020（6）：62-68.

[25] 罗建兰，李青青，覃敏浪. 广西农村地区小学英语教育现状分析及对策：以贵港市覃塘区为例[J]. 学园，2018（7）：26-27.

[26] 罗震山，莫颖. 广西农村小学英语师资问题与对策研究[J]. 教育与职业，2007（21）：79-80.

[27] 麻海燕. 当前农村小学英语口语教学问题与解决策略浅析[J]. 新课程, 2021（7）：139.

[28] 马弟娃. 思维导图在农村小学英语阅读教学中的应用研究[J]. 新课程, 2021（48）：58.

[29] 乔玉全. 全面深化课程改革　落实立德树人根本任务[J]. 中国现代教育装备, 2014（16）：6-8.

[30] 秦培元. 农村小学英语口语教学现状及提高对策[J]. 英语新世纪, 2012（2）：34-35.

[31] 邱丽华. 思维导图在小学英语写作教学中的应用探索[J]. 创新创业理论研究与实践, 2020, 3（15）：30-32.

[32] 曲晓慧, 于佳颖. 优化农村地区中小学英语教师素质结构的策略探讨[J]. 继续教育研究, 2015（9）：76-77.

[33] 沈明. 小学英语词汇教学存在的问题及其解决策略[J]. 基础教育研究, 2021（16）：59-60.

[34] 宋淑英. 基于网络平台的教师培训模式探索[J]. 齐鲁师范学院学报, 2013, 28（5）：56-58；64.

[35] 王丽丽. 形成性评价与总结性评价之关系探究[J]. 现代教育科学（小学教师）, 2013（3）：173-175.

[36] 王亚鹏. 对小学英语写作教学中分层教学的探讨[J]. 新课程（中）, 2017（7）：141.

[37] 韦览恩. 广西农村小学英语教师培训现状调查分析：以参加2015年"国培计划"的岑溪市乡村小学英语教师为例[J]. 广西教育, 2016（33）：13-15.

[38] 吴俊. 精准扶贫背景下贫困地区乡村教师队伍建设的思考[J]. 百色学院学报, 2019（01）：101-105.

[39] 吴俊, 吴佳丽. 农村留守儿童英语学习动机的现状及其对英语教学的启示：以广西玉林市兴业县四所留守儿童关爱学校为例[J]. 中小学英语教学与研究, 2018（1）：29-33.

[40] 夏莉. 广西农村小学英语师资现状调查与培训策略研究[J]. 教育探索, 2016（6）：137-139.

[41] 谢丽萍. 优化小学英语口语教学的途径与方法[J]. 新课程（上），2019（10）：69.

[42] 熊英，袁峥. 小学英语教师专业发展共同体的构建与发展[J]. 教育理论与实践，2014，34（6）：37-38.

[43] 杨铖，刘建平. 家庭氛围对农村留守儿童心理健康的影响："养""育"割裂? [J]. 心理学探新，2017，37（4）：364-368.

[44] 杨孝菊. 环环相扣以读促写：小学英语"以读促写"的教学方法探讨[J]. 亚太教育，2022（9）：97-99.

[45] 姚小燕，谢伟. 乡村振兴背景下完善农村留守儿童教育的对策研究[J]. 贵州师范学院学报，2021，37（12）：40-44.

[46] 袁丹. 小学英语写作分层教学的策略[J]. 小学生作文辅导（读写双赢），2018（5）：80.

[47] 陈跃娟，庞敬春. 农村英语教师专业发展新途径：城乡英语教师网络学习共同体[J]. 沈阳农业大学学报（社会科学版），2018，20（5）：598-602.

[48] 张晓煜. 自学考试制度转型路径研究[J]. 职业技术教育，2016，37（7）：65-68.

[49] 赵岚，伊秀云. 中小学高级教师职业幸福感的现实困境与纾解之策[J]. 现代教育管理，2022（2）：94-101.

[50] 赵苏强. 农村小学英语听力教学现状及其解决途径[J]. 新课程，2020（18）：66.

[51] 郑俊玲，张晓军，邹良华，等. 网络助学在自学考试教育中的运用策略[J]. 成人教育，2016，36（6）：33-36.

[52] 周莉，肖文平. 农村小学英语教师职业倦怠的调查与分析：以广西恭城瑶族自治县为例[J]. 桂林师范高等专科学校学报，2017，31（1）：144-147.

[53] 庄艳. 农村小学英语阅读教学探究[J]. 读写算，2021（31）：153-154.

三、学位论文

[1] 韩竹. 农村小学英语口语课程：现状、问题及对策[D]. 长沙：湖南大学，2016.

[2] 黄琼佳. 农村小学英语教师专业发展现状的调查研究[D]. 桂林：广西师范大学，2018.

[3] 江异奕. 湖南省农村小学英语教学现状调查与对策研究[D]. 长沙：湖南师范大学，2012.

[4] 李晶晶. 农村小学英语教学现状调查研究[D]. 武汉：华中师范大学，2016.

[5] 李凌云. 我国部分农村地区小学英语教学现状调查与思考[D]. 武汉：华中师范大学，2003.

[6] 李曦. 高中英语教学中终结性评价和形成性评价的比对分析[D]. 长春：东北师范大学，2007.

[7] 陆露. 中小学教师职业规划的实践研究[D]. 武汉：华中师范大学，2008.

[8] 栾慧. 农村小学英语教学现状、问题及其对策研究[D]. 呼和浩特：内蒙古师范大学，2013.

[9] 梅羽. 小学英语学习形成性评价实践研究[D]. 昆明：云南师范大学，2018.

[10] 韦卫. 农村小学英语特岗教师专业发展现状调查研究[D]. 桂林：广西师范大学，2015.

[11] 徐婷. 农村小学英语教师专业发展调查研究[D]. 济南：山东师范大学，2017.

[12] 杨静. 农村小学英语学习现状调查研究[D]. 上海：华东师范大学，2009.

[13] 赵琪. 乡村小学英语口语教学的现状、问题与对策研究[D]. 扬州：扬州大学，2020.

[14] 植子伦. 农村在职小学英语骨干教师培训需求调查研究[D]. 桂林：广西师范大学，2015.

[15] 季青. 城乡教师交流制度的实证研究[D]. 济南：山东师范大学，2015.

四、其他

[1] 百度百科．留守儿童[EB/OL].（发布日期不详）https://baike.baidu.com/item/留守儿童/4625781

[2] 杜洪亮．农村小学英语听力教学现状及其解决途径[C]//2020教育信息化与教育技术创新学术年会论文集（一）[出版者不详]．2020：76.

[3] 李作祥．浅谈如何有效提高农村小学英语的教学[C]//教育理论研究（第七辑）．[出版者不详], 2019.

[4] 中共中央办公厅、国务院办公厅印发《关于进一步减轻义务教育阶段学生作业负担和校外培训负担的意见》[EB/OL].（2021-07-24）.http//www.moe.gov.cn/jyb_xxgk/moe_1777/moe_1778/202107/t20210724_546576.html.

[5] 中华人民共和国教育部．义务教育英语课程标准：2022年版[S]．北京：北京师范大学出版社，2022.

[6] 周文叶．形成性评价使用指南[N]．中国教育报，2021-7-28（3）.

附　录

附录一：学生问卷

亲爱的同学：

你们好！为了解广西农村小学英语教学现状，及时发现小学英语教学中存在的问题，有效改进农村小学英语教学，特发此问卷。问卷答案没有对错之分，希望你能按照自己的想法填写，以确保数据的准确性。本卷采用匿名形式填写，不会外泄，数据仅用于研究，请放心填写。谢谢你的配合，祝你学习进步！

1.你的性别是（　　）。

A.男　　　　　　　　B.女

2.你所在的年级是（　　）。

A.三年级　　　　　　B.四年级

C.五年级　　　　　　D.六年级

3.你是从几年级开始学习英语？（　　）

A.一年级　　　　　　B.二年级　　　　　　C.三年级

D.四年级　　　　　　E.其他

4.你对学习英语（　　）。

A.很感兴趣　　　　　B.兴趣一般

C.不感兴趣　　　　　D.刚开始有，后来失去兴趣

5.你觉得英语教材难吗？（　　）

A.很困难　　　　　　B.有点困难　　　　　　C.不困难

6.你有学习英语的工具吗？（如读书郎、步步高点读机、英语词典等）（　　）

A.有　　　　　　　　B.没有

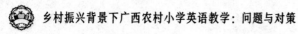

7. 你在课后参加英语辅导班吗？（ ）

A. 参加　　　　　　　　　B. 不参加

8. 你的学校经常展开英语活动吗？（ ）

A. 经常　　　　　　　　　B. 偶尔　　　　　　　　　C. 很少

9.（可多选）你喜欢的英语上课方式有哪些？（ ）

A. 做游戏、讲故事　　　　B. 做练习　　　　　　　　C. 分角色朗读课文

D. 唱英文歌曲　　　　　　E. 小组合作学习、展示

10. 你的老师采用多媒体上课吗？（ ）

A. 经常　　　　　　　　　B. 偶尔　　　　　　　　　C. 很少

11. 你经常和同学说英语吗？（ ）

A. 经常　　　　　　　　　B. 偶尔　　　　　　　　　C. 很少

12. 你在英语课堂上是否积极回答老师的问题？（ ）

A. 非常积极　　　　　　　B. 比较积极　　　　　　　C. 不积极

13. 在正式学习英语之前，你接触过英语吗？（ ）

A. 接触过　　　　　　　　B. 没接触过

14. 你能听懂英语老师的上课内容吗？（ ）

A. 能听懂小部分　　　　　B. 完全听不懂　　　　　　C. 能听懂大部分

15. 你父亲的文化程度是（ ）。

A. 小学　　　　　　　　　B. 初中

C. 高中或中专　　　　　　D. 大学

16. 你母亲的文化程度是（ ）。

A. 小学　　　　　　　　　B. 初中

C. 高中或中专　　　　　　D. 大学

17. 父亲、母亲外出务工情况（ ）。

A. 父亲外出务工　　　　　B. 父母亲均外出务工　　　C. 母亲外出务工

17. 你的父母平时辅导你的英语家庭作业吗？（ ）

A. 经常　　　　　　　　　B. 偶尔　　　　　　　　　C. 不辅导

18. 你的父母给你购买英语读物吗？（ ）

A. 经常　　　　　　　　　B. 偶尔　　　　　　　　　C. 几乎不买

19. 英语学习中，有哪些困难？（ ）

A. 听力　　　　　　　　　B. 阅读　　　　　　　　　C. 单词

20.（可多选）你的英语作业形式有（ ）。

A. 抄写单词　　　　　　　B. 背诵课文

C. 语音朗读　　　　　　　D. 看英语课外读物

21.（可多选）在英语学习过程中，你遇到的困难有（ ）。

A. 不会读单词　　　　　B. 不理解语法　　　　C. 英语学习设备不足

D. 不敢开口说英语　　　E. 听不懂英语

22.（可多选）你学习英语的目的是（ ）。

A. 用英语和别人交流　　B. 成为一名英语老师　　C. 出国

D. 为今后的学习打基础　E. 看懂英文杂志报道等

23.（可多选）你喜欢英语书上哪部分的内容？（ ）

A. 插图部分　　　　　　B. 歌曲民谣部分　　　　C. 练习题部分

D. 新课课文部分　　　　E. 游戏部分　　　　　　F. 其他

附录二：英语教师问卷

尊敬的老师：

您好！为了解当前农村小学英语教学现状，及时发现小学英语教学中存在的问题，有效改进农村小学英语教学，特发此问卷。本卷采用匿名形式填写，充分保护您的个人隐私，问卷数据仅用于研究，不会外泄，请您根据内心想法如实填写，以保证数据的准确性。感谢您的合作，祝您工作顺利！

1. 您的性别是（ ）。

A. 男　　　　　　　　　B. 女

2. 您的学历是（ ）。

A. 本科　　　　　　　　B. 本科以上

C. 专科　　　　　　　　D. 其他

3. 您的年龄是（ ）。

A. 20~30 岁　　　　　　B. 30~40 岁

C. 40~50 岁　　　　　　D. 50 岁以上

4. 您的从教年龄是（ ）。

A.1~5 年   B.5~10 年

C.10~15 年   D.15 年以上

5. 您是英语专业毕业吗？（ ）

A. 是   B. 否

6. 除了教英语，您是否还担任其他科目的教学？（ ）

A. 是   B. 否

7. 您有没有跨年级教授英语课？（ ）

A. 是   B. 否

8. 您是否有外出进行专业培训机会？（ ）

A. 经常   B. 偶尔   C. 几乎没有

9. 您认为学校领导重视英语教学吗？（ ）

A. 重视   B. 不重视   C. 一般重视

10. 您认为学校是否为英语教学的顺利展开配备了充足的教学设备？（ ）

A. 是   B. 否

11. 您觉得班级的英语课堂氛围活跃吗？（ ）

A. 很活跃   B. 较活跃   C. 不活跃

12. 您每周要上多少节英语课？（ ）

A.5~8 节   B.8~12 节

C.12~15 节   D.15 节以上

13. 您平时是用中文授课还是英文授课？（ ）

A. 中文   B. 英文   C. 中英混合

14. 您在学校的图书馆能找到您想要的英语教学资料吗？（ ）

A. 都能找到   B. 大部分能找到

C. 只能找到小部分   D. 几乎找不到

15. 您觉得目前所使用的教材版本符合农村小学生的实际情况吗？（ ）

A. 很符合   B. 基本符合   C. 不符合

16.（可多选）您在课堂上采用的上课方式有哪些？（ ）

A. 情境教学法   B. 合作教学法   C. 游戏教学法

D. 讲授法   E. 其他

17.（可多选）您在教学过程中用到的教学设备有哪些？（ ）

A. 多媒体　　　　　　B. 录音机　　　　　　C. 语音室

D. 挂图、卡片　　　　E. 其他

18.（可多选）在教学过程中，您面临的困难有哪些？（ ）

A. 专业知识水平不足　　B. 教育理论知识水平不足　　C. 教学法不足

D. 教学设备落后　　　　E. 英语学习资源不足　　　　F. 其他

19. 您认为目前英语课程安排的课时够吗？（ ）

A. 够　　　　　　　　B. 不够

20. 在教学中，您会怎样做？（ ）

A. 完全按照教材内容授课

B. 根据学生实际情况，对教材内容进行适当增减

C. 没有计划，看情况处理

21. 您经常使用多媒体上课吗？（ ）

A. 经常　　　　　　　　B. 偶尔　　　　　　　C. 几乎不用

22. 你所在小学选用哪个出版社的小学英语教材？（ ）

A. 人教版　　　　　　　B. 外研版　　　　　　C. 其他出版社的教材

附录三：学校领导及教育管理人员问卷

1. 您认为目前农村小学英语教师的师资队伍合理吗？（ ）

A. 合理　　　　　　　　B. 不合理

2. 目前农村小学英语教师的专业素质如何？（ ）

A. 较强　　　　　　　　B. 较弱　　　　　　　C. 有待加强

3. 您认为当前对农村小学英语教学的重视程度如何？（ ）

A. 重视　　　　　　　　B. 不重视

4. 您认为现阶段农村小学英语教学的质量如何？（ ）

A. 较差　　　　　　　　B. 较好　　　　　　　C. 有待提高

5. 您认为当前农村小学英语教学条件如何？（ ）

A. 良好　　　　　　　　B. 一般　　　　　　　C. 很差

6. 您认为当前农村小学英语教师的科研能力如何？（ ）

A. 较强　　　　　　　　B. 一般　　　　　　　C. 较弱

7. 是否为农村小学英语教学配备英语读物？（　）

A. 经常　　　　　　　　B. 偶尔　　　　　　　　C. 几乎没有

8. 是否存在经常调动农村小学英语教师现象？（　）

A. 经常　　　　　　　　B. 偶尔　　　　　　　　C. 几乎没有

9. 是否存在小学英语课程被其他科目占用现象？（　）

A. 经常　　　　　　　　B. 偶尔　　　　　　　　C. 几乎没有

10. 是否经常对小学英语教师进行专业培训？（　）

A. 经常　　　　　　　　B. 偶尔　　　　　　　　C. 几乎没有

附录四：访谈提纲（小学英语教师）

1. 您在教学过程中觉得学生学习英语最大的困难是什么？

2. 您认为在农村小学开设英语课程重要吗？

3. 如有机会外出进行小学英语教师专业素质培训，您最希望对哪方面进行培训？

4. 您认为除笔试外，还可以采用什么方式来评价和检验学生的英语学习情况？

5. 您认为农村学生和城市学生的英语学习能力存在差异的原因有哪些？

6. 您认为目前农村小学英语教学中亟待解决的问题有哪些？

附录五：访谈提纲（学校领导及教育管理人员）

1. 是否定期展开小学英语教师的专业素质培训？取得了哪些效果？

2. 您心目中合格的农村小学英语教师应具备怎样的素质？

3. 是否每年对农村小学英语教学资源方面进行投资？成效如何？

4. 通过哪些方式招聘农村小学英语教师？其专业素质如何？

5. 是否对农村小学英语教师进行表彰奖励？奖励方式有哪些？满意度如何？

附录六：广西农村留守儿童英语学习动机调查

你好！本调查的目的是深入了解农村留守儿童的英语学习动机。调查结果仅用于分析研究，对你的学习成绩没有任何影响，并且会对你的信息严格保密。请根据自己的真实情况填写，答案无所谓对错。

谢谢你的合作。

性别：（　）男　　　　（　）女

年级：（　）三年级　（　）四年级　　　　（　）五年级　　　　（　）六年级

父母在家情况：　　　（　）父母都在家中　（　）父母有一人外出打工

（　）父母都外出打工

期中考试成绩：_____

在下面的多个选项中，请根据自己的实际情况，打勾表明您的态度。

1.我喜欢英语是因为我想喜欢这门语言。

A.非常同意　　B.同意　　　C.不知道　　D.不同意　E.非常不同意

2.我喜欢英语电影和英语歌曲。

A.非常同意　　B.同意　　　C.不知道　　D.不同意　E.非常不同意

3.我一开始学英语就喜欢，说不出什么原因。

A.非常同意　　B.同意　　　C.不知道　　D.不同意　E.非常不同意

4.我喜欢英语国家的人和他们的文化。

A.非常同意　　B.同意　　　C.不知道　　D.不同意　E.非常不同意

5.我喜欢我们的英语老师。

A.非常同意　　B.同意　　　C.不知道　　D.不同意　E.非常不同意

6.我喜欢我们的英语课本。

A.非常同意　　B.同意　　　C.不知道　　D.不同意　E.非常不同意

7.我喜欢上英语课。

A.非常同意　　B.同意　　　C.不知道　　D.不同意　E.非常不同意

8.我的英语不好是因为没有一个好的学习环境。

A.非常同意　　B.同意　　　C.不知道　　D.不同意　E.非常不同意

9.我希望老师能提供一些英语学习方法。

A.非常同意　　B.同意　　　C.不知道　　D.不同意　E.非常不同意

10.我学习英语是为了出国留学，继续深造。

A.非常同意　　B.同意　　　C.不知道　　D.不同意　E.非常不同意

11. 我学习英语是为了将来找一份好工作。

    A. 非常同意　　B. 同意　　　C. 不知道　　D. 不同意　E. 非常不同意

12. 讲一口流利的英语是很有文化的象征。

    A. 非常同意　　B. 同意　　　C. 不知道　　D. 不同意　E. 非常不同意

13. 学好英语让我觉得自己很聪明。

    A. 非常同意　　B. 同意　　　C. 不知道　　D. 不同意　E. 非常不同意

14. 放学后我经常看英语光碟，听英语。

    A. 非常同意　　B. 同意　　　C. 不知道　　D. 不同意　E. 非常不同意

15. 英语课上我积极回答老师的问题。

    A. 非常同意　　B. 同意　　　C. 不知道　　D. 不同意　E. 非常不同意

16. 我制定了英语学习计划。

    A. 非常同意　　B. 同意　　　C. 不知道　　D. 不同意　E. 非常不同意

17. 我很少参加英语知识竞赛。

    A. 非常同意　　B. 同意　　　C. 不知道　　D. 不同意　E. 非常不同意

18. 我坚持完成自己制定的英语学习计划。

    A. 非常同意　　B. 同意　　　C. 不知道　　D. 不同意　E. 非常不同意

19. 我总是努力学习英语，但是好像没有什么进步。

    A. 非常同意　　B. 同意　　　C. 不知道　　D. 不同意　E. 非常不同意

20. 我学习英语是为了应付考试。

    A. 非常同意　　B. 同意　　　C. 不知道　　D. 不同意　E. 非常不同意

21. 我认为没必要上英语课。

    A. 非常同意　　B. 同意　　　C. 不知道　　D. 不同意　E. 非常不同意

22. 我向来都是被迫学英语。

    A. 非常同意　　B. 同意　　　C. 不知道　　D. 不同意　E. 非常不同意

23. 我学英语是因为学校和父母要我学。

    A. 非常同意　　B. 同意　　　C. 不知道　　D. 不同意　E. 非常不同意

24. 我学习英语是不想辜负父母的期望。

    A. 非常同意　　B. 同意　　　C. 不知道　　D. 不同意　E. 非常不同意

25. 我学习英语是为了考上好的中学。

    A. 非常同意　　B. 同意　　　C. 不知道　　D. 不同意　E. 非常不同意

26. 英语课上我怕被老师提问。

A. 非常同意　　B. 同意　　　C. 不知道　　D. 不同意　　E. 非常不同意

27. 英语课上我很紧张，担心自己会出错。

A. 非常同意　　B. 同意　　　C. 不知道　　D. 不同意　　E. 非常不同意

28. 考试前我总担心考不好。

A. 非常同意　　B. 同意　　　C. 不知道　　D. 不同意　　E. 非常不同意